BEVISSTHETENS VEI

FRA
JORDISK ERFARING
TIL KOSMISK FORSTÅELSE

Beskrivelse av en omfattende

nær-døden-opplevelse

Av
Kari Rose Norheim

Forlag: BoD · Books on Demand, Postboks 354 Sentrum,
0101 Oslo, bod@bod.no
Trykk: Libri Plureos GmbH, Friedensallee 273, 22763 Hamburg,
Tyskland
ISBN: 978-82-938-7330-3

Forsidebilde: AI generert bilde - Adobe Firefly

Omslag og layout: Henning Jon Grini

Innhold

7

Forord

Det har vært en lang prosess å skrive denne boken, og jeg har vært forespurt om å gjøre det i mer enn 20 år. Det har enten ikke vært tid, energi eller omstendigheter som har sammenfalt.

Når verden stengte ned på grunn av covid i mars 2020 så var jeg i Sikkim i India, og jeg hadde med meg PC-en. Guidene mine sa at nå kan du sette deg ned å skrive hva vi viste deg og hva du opplevde.

På 14 dager skrev jeg ned råmanuset til denne boken.

Jeg har spesielt tre personer å takke for å hjelpe meg med å fullføre boken. Det er Camillo Løken som leste gjennom råmanuset i 2020, og som kom med mange tips. Brit Weisz som har korrekturlest og justert språket, og Henning Jon Grini, som har hjulpet meg med cover og design. Det er litt interessant at Henning var den som fikk meg til å skrive om nær-døden-opplevelsen i 2001. Det ble til artikkelen - Fritt fra en opplevelse i grenseland. Denne boken er en mer detaljert utvidelse av den.

Jeg hadde opprinnelig skrevet boken som en sammenhengende fortelling som var vanskelig å tilegne seg. Så Camillo Løken sa du bør stykke det opp og lage flere overskrifter. Noe jeg var helt enig i.

Det har jeg gjort, så det ble mer struktur, og så har jeg tilføyd undertemaer. Forløpet er som en rød tråd det samme. I den prosessen så er nok noe av flyten borte, siden alt egentlig foregår samtidig, men det går ikke an å beskrive uansett.

Jeg har måttet ha lange perioder med distanse mellom gjennomlesninger og korrigeringer, så derfor har det tatt lang tid.

Jeg hadde tenkt å skrive en litteraturhenvisning, men har valgt å ikke gjøre det. Rett og slett fordi mange av de bøkene jeg har lest ikke er like relevante lenger. Med Internett,

Google, YouTube, mange Podcaster osv., så er det lett å finne relevante bøker og informasjon selv.

Verden har gått videre og mange kilder er nå tilgjengelige som ikke var det før.

Når det gjelder selve nær-døden-opplevelsen så avslører bevisstheten seg selv. Den trenger ingen kilder, for den er kilden. Alt det andre kom etterpå.

Det ble som Benedicte Thiis sa i 1989 - du må finne ordene, og her er de.

Kari Rose Norheim
Nepal, mai 2025

Innledning. Konkret situasjonsbeskrivelse

Høsten 1983 hadde jeg en opplevelse som skulle komme til å legge sterke føringer for mitt liv. Jeg var på hyttetur på Hovden med en ungdomsgjeng. Hele formålet med turen var å ha det gøy, feste og tulle. Forskjellige omstendigheter gjorde at jeg havnet ut i en snøstorm. Der mistet jeg retning og lokalitet til hytten vi var på og begynte å lete rundt. Jeg gikk fra hytte til hytte, ettersom det var utelys på mange av dem, uten at det var folk der. Senere fikk jeg greie på at det var utleiehytter. Jeg har ikke noen klar formening om hvor lenge dette varte, men antar det dreide seg om +/- 1 1/2 time. Etter hvert var jeg så stiv av kulde at knærne var vanskelige å bevege, fingrene følelsesløse og jeg sluttet også å fryse. Med jevne mellomrom var det fonner med snø som kunne rekke meg til livet. Disse måtte jeg grave meg igjennom med fingrene. Det samme gjaldt inn til hyttene fordi snøen fra takene gikk i ett med bakken mange plasser. Til slutt skled jeg ned fra en liten topp og ble liggende mykt i en snøfonn. Alt var behagelig og ikke kaldt. Jeg husker jeg tenkte at her kan jeg ikke tillate meg å ligge, men at jeg bare skulle slappe av lite grann, så var jeg vekk, eller bevisstheten forlot kroppen, og deretter opplevde jeg alt utenfor kroppen.

Jeg er klar over at deler av det jeg prøver å beskrive kan være forvirrende. Grunnen er at kunnskapsformidlingen på forskjellige områder hele tiden var flerdimensjonal, hvor overføringene og synene samtidig hadde en personlig, individuell, kollektiv, følelsesmessig, mental, og et bakenforliggende perspektivdannende bevissthetsmessig opplevelsessenter. Det er vanskelig å få lineært, for det er ikke noe før og etter utenfor tidsdimensjonen, og når man skal bruke ord så har det store begrensninger, siden man må formidle tankerekker for å beskrive bilder og store sammenhenger. Det er som om man så en film og så skal beskrive alt. Hva folk tenkte og hvorfor de tenker akkurat sånn, hva de gjorde og hadde på seg, hvem er foreldrene og deres bakgrunn, hvordan er temperatur og vegetasjon i området, kamerafolk, regissører, manusforfattere osv. Så et bilde på hvordan endel eksisterer samtidig, men må beskrives hver for seg. Det blir mange ord.

Nå må for all del ikke endel av de tingene jeg beskriver oppfattes som endelige sannheter. Det var mange ting jeg kunne tenkt meg å oppleve/ se nøyere på som jeg ikke hadde «tid» til. Jeg fikk bare se litt her og der og oppleve noen grunnleggende ting, som i en kortfilm om store langvarige og omfattende hendelser. Så dette er fra min side bare et forsøk på å formidle på en forhåpentligvis forståelig måte min opplevelse av tingenes tilstand, slik jeg oppfattet det og opplevde eller gjennomlevde det, siden jeg VAR bevisstheten samtidig som jeg observerte, spesielt i senere sekvenser av opplevelsen. Noen ganger opplevde jeg fra et subjektivt perspektiv og noen ganger fra et ikke-subjektiv upersonlig utkikkspunkt - bevisstheten. Når jeg snakker om upersonlig referansepunkt så var det ingen opplevelse av personlig identitet. Den personlige identiteten i dette livet ble bare kikket på som forskjellige «programmer» og sosialisering relatert til dette spesifikke livet i nåværende kultur og tidsepoke i tilbakeblikket på livet. Så når «jeg» snakker om «jeg» her, så er det «sjelejeget» som avgrenset bevissthet. Jeg overskred eller forlot denne sjelsidentiteten også periodisk og opplevde det kun som bevissthet. Korte sekvenser også utenfor det. Der opphører all opplevelse og da all beskrivelse.

Jeg har noen ganger i foredrag beskrevet dette som om man går baklengs opp fra en dal til en høy fjelltopp. Det man ser detaljert i dalen blir bare konturer høyere opp, men man ser mer perspektiver og overblikk. Så ser man nye detaljer der man er, og omgivelsene forandrer seg og nye overblikk blir dominerende. På lignende måte gikk denne reisen i bevissthet fra personlig perspektiv til sjelelig perspektiv til gruppesjeler og ren bevissthet - allbevisstheten.

Fra konkret materie og jordkloden og ut i det fysiske universet med stjerner og galakser, til ren energi.

Fra personlige følelser og begjær og kjærlighet til engleriker og kosmisk kjærlighet til ren bevissthet.

Fra personlige tanker og ideer til tankestrukturer som skaper kulturer og religioner, til planetare bevissthetsstrukturer, solsystemers intelligens og galaktisk intelligens, kosmisk intelligens til enhetsbevissthet igjen. Alt er bakenforliggende ett.

Så omtrent som å skifte mellom daler og fjelltopper og videre ut i universet, skiftet jeg «observasjonspunkt» og identitetspunkt mange ganger.

Jeg har prøvd å skrive så autentisk som mulig om denne opplevelsen som jeg klarer. Derfor er sikkert endel ulogisk for mange innimellom.

Men vi fulgte en logikk som gikk fra nåtid og ut i forklaringer om universelle sammenhenger, og tilbake til planeten og ut i andre sammenhenger, og nåtid og fortid og nåtid og fremtid. Det er vanskelig å forklare fordi mye ble opplevd samtidig, og mye eksisterer samtidig, som hvordan følelser og tanker og frekvenser følger hverandre. Men det må beskrives hver for seg.

Opplevelsen gikk som nevnt gjennom mange forskjellige faser og endel detaljer har jeg glemt, endel ting har skjedd og andre ting står vi midt oppi, når jeg skriver dette i 2020. Men mye er fremdeles stjerneklart.

13

Fase 1. På terskelen

Bevisstheten ble frigjort fra kroppen helt uten smerter og uten at jeg forstod hva som skjedde.

Jeg følte jeg ble virvlet og sugd rundt, som i et slags dragsug, og samtidig var det en noe lav dyp brumming og andre lyder. Da ting stabiliserte seg igjen var jeg på noe jeg etter hvert ble forklart var en terskel, og forsto absolutt ingen ting. Jeg hadde ingen smerter eller ubehagelige følelser og tanker. Alt var usedvanlig lett og klart. Jeg befant meg i et slags tomrom - som fornemmelsesmessig ikke var tomt – men de vanlige orienteringsredskapene, (sansene), hadde verken fysisk, følelsesmessig eller mentalt noen kjente knagger å relatere ting til. Jeg visste ikke det da, men jeg var i energilegemet og lyskroppen. Den fysiske kroppen var forlatt. Jeg hadde ikke på det tidspunktet noen som helst forestilling om disse tingene, så jeg bare opplevde og var forundret, men uten frykt.

Det første klare jeg oppfattet eller «så» var forskjellige øyne som føk forbi to og to. Jeg så dem, men de så bare tvers igjennom meg. Noen av dem så ut som de kunne se meg, men at jeg ikke vedkom dem. Jeg lurte på hva dette kunne være da jeg gjenkjente noen av dem. Plutselig gikk det opp for meg at alle egentlig var døde og at jeg også måtte være død. Jeg reagerte følelsesmessig og ble «redd». Det var ikke redsel, mer et slags overraskelsessjokk, som er det nærmeste jeg klarer å beskrive det, for uten kroppen har vi ikke noe nervesystem som setter i gang adrenalinresponsen, og derfor ingen fysisk fryktreaksjon.

Men i samme øyeblikk jeg reagerte kom det noe imot meg som var en slags lysenergi. Den sendte ut en beroligende følelsesmessig energi full av kjærlighet med ord som sa jeg ikke skulle være redd, at jeg ikke var død, men stod på en terskel/ overgang, samtidig som lysenergien materialiserte seg i en slags gudelignende opphøyet menneskeskikkelse. Skikkelsen kommuniserte gjennom mental og følelsesmessig telepati. I denne sammenheng gjennom hele opplevelsen

14

var det en kombinert følelsesmessig og mental (tanke) for-midling, som er forutgående for ord og mye mer presis. Den lysskikkelsen hadde fått den «ære» å bli bedt om å ta meg imot for å lære/ vise meg sammenhenger om menneskelivet, både mitt personlige og kollektivt, samt alt jeg ønsket å få rede på innenfor en viss tid vi hadde til disposisjon, etter en gjennomgang av mitt liv så langt.

Jeg var overveldet og skjønte fremdeles ingen ting. Det tok litt tid før jeg ble tilvendt det helt nye perspektivet å oppleve alt fra utenfor kroppen.

Fase 2. Energioverføringer og frekvensbestemt forflytning

Etter denne første telepatiske beroligende sekvensen fikk jeg energioverføringer for å heve frekvensen, eller egentlig gi slipp på lavere frekvenser så jeg kunne bevege meg friere i energiverdenen. Jeg kommer tilbake til dette senere.

Det som skjedde var litt som med healing, at dette lysvesenet strålte eller gjennomstrømmet meg med sine energifrekvenser, så jeg gav slipp på de som ikke støttet den situasjonen jeg var i, hvor jeg skulle energetisk telepatisk forflytte meg med lysvesenet. Det var frekvenser som var knyttet opp mot jordelivet og nødvendige for å være fysisk inkarnert her, men som jeg ikke kunne ha der i høyere frekvenssfærer hvor vi skulle, for de begrenset min energetiske frihet. Da jeg hadde gitt slipp på nok av medbrakt tyngde «reiste» vi til et annet sted, som jeg fremdeles ikke vet hva var eller hvor var. Det kan ha vært et lysskip eller en planet i et annet solsystem, eller en av de ytre planeter her, men jeg vet ikke. Jeg var fremdeles avhengig av dette lysvesenet og reiste med det som en beskyttelsesenergi og veileder. Jeg har siden gjenkjent denne sjelen/ vesenet som St. Germain, en åndelig mester og endel av Det Hvite Broderskapet, som jeg også kommer tilbake til senere.

Endel av betraktningene rundt dette hadde jeg ikke på det tidspunktet, fordi jeg visste rett og slett ikke noe om noe av dette. Jeg har studert beskrivelser og gjenkjent det i etterkant.

Jeg bare opplevde og gjorde det jeg ble formidlet å gjøre, tillitsfull, men forundret. Utover det gikk disse fasene veldig fort så jeg hadde ikke tid til vanlig tenkning. Alt var energi og intensjoner og overveldende lys og kjærlighet, så redsel og reservasjon fantes ikke. Samtidig var det ikke noe press, det bare pågikk naturlig uten motstand.

Fase 3. Livet passerer i baklengs
flerdimensjonal kino

Da vi kom til dette stedet (som jeg som sagt ikke vet hvor var), startet forskjellige sekvenser av overblikk. Det begynte litt med det nære fra livet så langt. Hvorfor jeg opplevde ting som jeg gjorde, og mine overlevelsesmekanismer osv. Jeg var på dette tidspunkt rundt 18 ½ år, og det er greit å huske i noe av den videre beskrivelsen av gjennomgangen av livet, så langt.

Jeg fikk se at jeg hadde valgt mine foreldre, ut ifra hva jeg skulle lære, og hva jeg kunne bidra med i dette livet. Jeg hadde derfor valgt omstendigheter, utfordringer osv., med andre ord hele settingen jeg befant meg i. Jeg hadde også prestert å plassere meg selv her av egen fri vilje. Det var vanskelig å svelge.

Dette var en sjokkerende opplevelse for meg fordi jeg synes verden i mange sammenhenger var ulevelig, og mange mennesker i mange sammenhenger uforståelig korttenkte. Det var ikke fritt for at jeg hadde klarsynte og sanndrømte evner, noe som heller ikke gjorde saken bedre i hverdagen, men jeg visste også lite om dette på den tiden. Dette fordi jeg kjente ingen som tenkte og opplevde verden på min måte, og mye av det åndelige, med utvidet sansning mange vet mye om nå, var ikke vanlig kunnskap og ikke i offentligheten.

Jeg følte ofte at jeg ikke hadde noe her på jorden å gjøre, og visste i hvert fall ikke hva jeg ville bli – eller foreta meg for å overleve. Det eneste jeg hadde tenkt som liten var at jeg ville bli klok, alt annet oppfattet jeg som meningsløst eller som midler til målet. Men jeg hadde ingen klar oppfatning av hva det betydde. Så jeg var ikke helt borte, bare ikke verdimessig forankret i vårt samfunn hvor man skal være ung, flink og føyelig og hvor penger, kjærester osv. ofte er målet, og hvor ettertanke, alderdom og klokskap, nærmest er til bry. Det går ikke fort og galt nok. Jeg befant meg nærmest i en annen virkelighet i forhold til jevnaldrende og andre jeg kjente på det tidspunktet. Jeg var uten bevisst kunnskap om hvem jeg var, og hva jeg opplevde. Jeg ville helst være «vanlig» og prøvde å bli kvitt «nykkene» mine. Men jeg gjennomskuet mye. Det gjorde at jeg var temmelig opprørsk og ikke likte tullete sjefer og falske autoriteter som prester f.eks., så jeg ble kastet ut av konfirmasjonsundervisningen to år på rad da jeg var 15-16 år, fordi jeg ikke var «moden nok». Presten likte ikke at jeg stilte spørsmål ved jomfrufødselen, oppstandelsen, evig helvetes pine osv., pluss at jeg skulket og var bråkete, og jeg lo ikke av de dårlige vitsene. Heldigvis er mye av tullet i kristendommen tatt bort eller dempet, så det er mye bedre nå.

Men i fugleperspektiv fikk jeg se hendelser, tanker og følelser som viste at jeg hadde faktisk rett, fordi alt dette var menneskelige konstruksjoner, som vi så nøyere på senere. Presten kunne ikke svare ordentlig og drev bare med bibelsitater på autopilot, som han var lært opp til.

Min måte å håndtere denne splitten mellom min indre og ytre virkelighet var å drikke og prate tull, ironisere og være satirisk. Det holdt synskheten på avstand, og tankene mine på et plan andre mennesker kunne forholde seg til. Jeg tok på en klovnemaske blant mennesker og søkte ellers tilflukt i naturen. Alt som ikke passet var noen andres feil eller samfunnets.

Dette var vanskelig å forholde seg til da jeg kom tilbake, for jeg hadde ingen unnskyldninger som var absolutte lenger. Alt var min egen «feil» grunnlagt på egne valg. Jeg hadde ikke noe å gjemme meg bak lenger, for jeg visste hvordan ting hang sammen. Jeg var ikke gal og ikke spesielt sprø heller, men født med en utvidet bevissthet og evner og egenskaper som generelt tilhørte fremtiden. Alvoret seg inn og klovnedelen satte latteren fast i halsen.

Jeg hadde i min oppvekst vært mye sammen med mine besteforeldre fordi jeg trivdes med dem. Særlig min bestefar var jeg knyttet til. Sikkert fordi som jeg i ettertid har forstått, at han var en livskunstner, både som praktisk altmuligmann, kreativ/ kunstnerisk/ musikalsk, og gjennom hans innstilling til livet. Han var et absolutt naturmenneske med masser av kunnskap om det meste som krøp og gikk. Samtidig var han snill, sikkert ofte for snill, og veldig tålmodig. Vi to var mye på teltturer og fisketurer og han hadde forskjellige dyr. Jeg var veldig nysgjerrig og spurte mye samtidig som han fortalte villig vekk. Han var nok en praktisk mystiker uten å vite det selv. Min bestemor var også veldig snill og alltid redd for meg, siden jeg var mye ute og fisket alene og uredd og vill. Så min bestefar pleide å si «la nå jentungen være i fred, hun klarer seg». Jeg rodde mye rundt og fisket alene hele dagene og da var jeg veldig «her og nå» uten noen tidsfølelse.

En bevissthetstilstand jeg nå vet man bruker meditasjon for å oppnå. Det gjorde at jeg hadde mye fritid fra sosialisering og påtvungne normer og forventninger, og bare VAR.

Mine besteforeldre hadde gjennomlevd krigen og var ydmyke. En ting jeg husker min bestemor sa var at - enhver tid og generasjon har sin svøpe, og det stemmer. Hun var ganske religiøs og prøvde å lære både meg og mine søsken når de var der litt bordbønner, kveldsbønner, leste eventyr osv., og tok meg og min søster med på søndagskoler.

Dette med at enhver generasjon har sin svøpe som hun kalte det, var også ting vi så på i en senere sekvens hvor vi gjennomgikk evolusjonen, den bevissthetsmessige og den energetiske og den fysiske evolusjonen, som jeg kommer tilbake til.

Grunnen til at jeg tar med dette er at det var grunnleggende i min barndom og hvordan jeg fortsatte å se på livet, hvilke verdier som ble førende, - og ikke minst mine barnlige grublerier og oppfatning av menneskelig opptreden. Jeg fikk ha mye av min grunnleggende selvfølelse, integritet og naivitet i fred helt opp til tenårene på grunn av dette fristedet. Jeg levde sånn sett et temmelig beskyttet liv inntil puberteten, hvor jevnaldrende og forskjellige menneskelige kaostilstander periodevis nesten tok overhånd.

Alt dette var planlagt for å høste erfaringer, og uten at jeg visste det da, var det nødvendig for å gjenoppvekke egenskaper jeg hadde med meg inn i livet som var så grunnfestet at jeg ikke tenkte på det, fordi det bare var sånn. Jeg måtte bli det bevisst. Og i nær-døden-opplevelsen fikk jeg se hvorfor og hvordan. Men læringskurven var i perioder bratt og mye prellet av på meg på grunn av at jeg uten å vite det var veldig spirituelt sammensatt. Så mye som kunne vært veldig traumatisk, var bare ubehagelige episoder og irriterende menneskelig oppførsel. Dessuten fikk jeg ofte forvarsler og intuitiv viten, og det trodde jeg jo alle fikk. Det fikk jeg også se i overblikket at mange hadde tilgang til, men de var ikke så åpne, samtidig som samfunnet ikke visste forskjell på fantasier og synske episoder, klarhørsel, intuitiv viten og utvidet sansning generelt, så barn fikk beskjed om å slutte å fantasere. Det gjorde også jeg. Men ble også fortalt av min bestemor at jeg ville forstå ting når jeg ble voksen, som jeg ikke forstod som barn. Så jeg ventet alltid på å bli voksen.

I en senere frekvens igjen var vi innom hvordan det rigide menneskesynet som hadde utviklet seg gjennom materialismen, aksepterte psykologiske teorier, og også gjennom religioner, gjorde at mye var sykdomsdiagnostisert, og at folk ble dopet og forklart som sinnssyke og psykotiske. Men dette er noe av det jeg var inne på tidligere, at vi gjennomgikk så mye scenarier og sammenhenger at det er vanskelig å skrive tematisk atskilt og lettforståelig om det, og uten at det blir forvirrende.

Under det som var gjennomgangen av livet viste det seg at mye av det jeg hadde følt og tenkt var riktig. Det var grunnleggende universelle verdier og ikke barnslige naive drømmer. Problemet for meg var at jeg ikke var rustet for verden i min kardemommeby-tilstand, men det er det vel egentlig ingen som er, siden vi sosialiseres inn i alle personlighetsstrukturene på det stedet vi er født og med de menneskene som er der og i den tiden vi er født. Det skjedde derfor mange ting som ble grunnlag for vurdering og analyse, samtidig som jeg hadde en ganske robust personlighet-sammensetning og kunne være veldig usentimental og hadde ekstrem sterk vilje. Alt dette fikk jeg se ganske godt hvordan var tilpasset, så jeg kunne veksle på mange egenskaper etter behov. Noe jeg ville få bruk for.

Som noen sikkert har lurt på, var faktisk ikke mine foreldre noe tema mest sannsynlig fordi de ikke var noe problem for meg. De var snille og hadde selvfølgelig sin historie. Jeg var jo fra før av i opposisjon til hele virkelighetsoppfatningen til mange og skolesystemer med indoktrinering og religiøse forestillinger, og foretrakk lesestoff som Illustrert Vitenskap, så hjemme var et fristed. Men jeg var vanskelig og umulig å styre, så kort fortalt lot de meg gjøre som jeg ville. Og det var som sagt før NDO-en. Min mor var ikke religiøs og oppfordret til personlig frihet fra sosiale normer og forventninger. Hadde derfor ikke mye motstand hjemme, selv om de var overgitt, og spesielt min far som ville jeg skulle gå skoler og utdanne meg.

Under hele tilbakeblikket på mitt personlige liv, var det jeg som vurderte hendelser, følelser og tanker. Men med korrigering fra lysvesenet der jeg hadde mistet den bakenforliggende årsaks- sammenhengen, og latt meg vikle inn i jordiske kulturelt styrte vrangforestillinger. Og der jeg dømte andre og meg selv på feil grunnlag. Egentlig virket det som en følelsesmessig og mental eksamen, hvor jeg klargjorde hvor jeg stod, og ble korrigert på en veldig kjærlig og selvfølgelig måte der jeg tok feil. Samtidig som det ikke var noe rett og galt, det var mer snakk om store og små sannheter, siden alt er relativt ut fra hvilket nivå det blir betraktet fra. Paradokser på paradokser, og samtidig veldig enkelt. Det ble som disse bildene med flere motiver i ett. Det du ser er det du tror, eller er opptatt av. Det virket som «de/ vi» ville vite hvor jeg stod, så beveget vi oss videre derifra. Gjennom illusjoner etter illusjoner, eller bevissthetslag.

Fase 4. Kollektive overblikk og føringer

Etter å ha gjennomgått det viktigste av mitt personlige liv så langt, og også sett på familiesammenhenger og flere generasjoner bakover, gikk vi over til kollektive evolusjonære sammenhenger og utviklingslinjer.

Se for deg at du har en 3- dimensjonal skjerm foran deg bare at den har fem dimensjoner i stedet med tilgang til alt som har skjedd og alt som kan komme til å skje. (Høyde, bredde, lengde, rom og tid.) Som å se en film hvor du samtidig er filmen. Hvor du kan spole frem og tilbake på årsak og virkning på alle kjente hendelser, hvilke tanker og følelser som har aktivisert hendelsene, samt ringvirkningene det får også på alle nivåer. Og i samme slengen hvilken innbyrdes sammenheng opplevelser og hendelser kan ha, som det trengs en vertikal eller et bakenforliggende perspektiv og tenkning til å forstå, fordi den innbyrdes sammenhengen ligger utenfor vanlig lineær logisk tankegang, og kjent historie. På en måte var det som å betrakte både regissører, manusforfattere og deres motiver og historier og alt på en gang.

Jeg husker jeg svevde over verden i en energetisk ikke materiell virkelighet. Tanken og følelsene var styrende, men følelsene var positive. Det var ingen vanskelige følelser for det var ingen ting å miste. Det var ingen behov som skulle tilfredsstilles. Jeg tror sikkert jeg kan si at den vi er vant til å være (personligheten med alle sine roller), hadde gått i oppløsning. Egoet med sine lyster og behov for å opprettholde livet det samme. I en ikke-materiell virkelighet har man ikke materielle behov. Dette fordi det man er på dette planet er essens av tanker og følelser man har hatt og hva man har gjort med disse. Bevissthetsnivået reflekteres gjennom dette og frekvensen av dette danner bevissthets- essensen som gir frihet gjennom forståelse innenfor sin frekvens, og lavere frekvenser. Man fungerer som en energetisk boble eller sjelsbevissthet. Rent konkret opplevde jeg det som om jeg kunne forstå og gjennomskue de som var på samme bevissthetsnivå som meg og nedover. Disse var totalt gjennomsiktige for meg. Så det er egentlig ikke snakk om å gjennomskue, fordi alt var åpent. Vi leste åpent andres tanker m/følelser som energipakker med et visst innhold.

Vi beveget oss fra det som var nåtid i 1983 og bakover i tid. Det var som å spole bakover i evolusjonen på kloden og hvordan bevissthetsnivået forandret seg hos menneskegrupper og sivilisasjoner og kulturer. Dette var hendelser som hadde personlige, familiære og kollektive føringer som ligger utenfor den allmenne dags-bevisstheten og oppfattelsesevnen på jorden. Vi kikket på hvordan enkeltindivider var et produkt av sin tid og sin kultur og religiøse forestillinger der de var født, og genetisk arv som den biologiske komponenten.

Så videre på hvordan positive og negative psykologiske mønstre ble overført i familier og kulturer. De negative føringene her vil noen kalle arvesynden, og i noen tradisjoner vil det kalles personlig karma og kollektiv karma. Karma er et begrep for årsak og virkning som er nøytralt og derfor mer dekkende. Derfra videre på jordkloden som helhet med sin utvikling, solsystemet, galaksen og galaksehoper. Alle tidligere hendelser og avgjørelser kokte ned til det enkelte individs situasjon fysisk og psykisk der og da. Det var ingen tilfeldigheter, men årsakssammenhenger så uoversiktlig og altomfattende, at for et vanlig menneske begrenset av den fysiske kroppen, og uten bevisst tilgang til dette perspektivet fra det evige liv eller bevisstheten, ble det uforståelig.

Vi fokuserte inn og ut som en slags zoom ettersom jeg fokuserte mot sammenhenger. Det gikk mer eller mindre av seg selv som når man kan sitte og følge med på ting fra et fugleperspektiv, bare at temaet var menneskelivet og evolusjonen og hvordan bevisstheten gir liv til alt, men fokuset var fremdeles menneskeheten.

23

Fri vilje?

Oppi dette så man da hvor mange føringer et menneske har som skaper både de psykologiske mønstrene, den biologiske utrustningen, og eventuelt en spirituell åpning, slik at de evner å gjennomskue dette. Sånn jeg så det, hadde mange lite fri vilje for de var egentlig veldig låst i de situasjonene de var i. Det kunne være fattigdom og jakten på daglig overlevelse og mat, psykologiske føringer fra familien og kulturen som tok valg for dem som de fleste ikke ville ta konsekvensene av å bryte, hvis de overhodet tenkte tanken. Religiøse føringer og frykt for å være et dårlig menneske og ikke få plass i himmelen, og sosial utstøtning. Alt dette som skaper rammer i det vanlige livet. Vi kikket videre på at alle var akkurat der de skulle være, for de var født sånn, og det var endel av deres utvikling og den kollektive bevissthetsmessige evolusjonen. Ingenting var feil, men under utvikling. Noen hadde tilsynelatende mer fri vilje og større bevegelsesrom, og enklere fysiske liv enn andre, men de kunne være psykologisk vanskelige, så de hadde også sine begrensninger.

Endel hadde muligheter til å utvikle en spirituell forståelse så de kunne bryte ut, men mange ville ikke velge det eller gjøre det, fordi identifikasjonen med kroppen og egoet var for stort. Kommer litt tilbake til det senere under kollektiv utvikling.

Den frie viljen var uansett begrenset, siden det var mange føringer som lå der fra før man ble født og hvor man ble født, og i hvilken tid. Uansett var det å være menneske å akseptere begrensning.

Å oppleve gjennom sansene i den fysiske kroppen skapte mange begrensninger. Den frie viljen ble også dempet av den instinktbaserte frykten som var en nødvendig del av overlevelsesmekanismen, så man ikke ødela kroppen og gjorde ting den ikke tålte.

Vanlige ting som å bry seg om å finne mat, som sultfølelsen forteller vi må. Jakten på en partner og sex, holde kroppen trygg for kulde og ville dyr og andre mennesker. Alt det vi gjør for å holde oss i live og for å videreføre menneskeslekten. Det tar mye tid og oppmerksomhet og gjør at det er lite vi velger helt fritt, om noe.

Velger vi annerledes har det også sine begrensninger. Slik jeg så det koker den frie vilje ned til forskjellige handlingsrom, og at vi også her kan velge, etter evne og medfødte tendenser. Moralsk kan vi oppføre oss egoistisk etter hva som bare gagner oss selv på andres bekostning, eller prøve å gjøre det beste for alle uten å utslette seg selv. Det var sånn sett mer snakk om hva man ville bruke viljen sin til utifra de mulighetene de forskjellige menneskene har, og der var både situasjon og bevissthetsnivå avgjørende.

Fra personlig vilje gikk vi videre eller zoomet ut til kollektive viljer og gruppeviljer og hvordan det uttrykte seg i forskjellige samfunnssystemer. Fra tidligere instinktbasert adferd til mer organiserte samfunn når konkret tenkning og systemtenkning oppstod, og fra små grupper med karismatiske ledere eller tyranner og til demokratiske systemer, og videre til skaperenergiene bakenfor hele vår eksistens, og drivkreftene bak evolusjonen og det man kan kalle upersonlig guds vilje.

Smerte, lidelse, ondskap og helvete

Oppi dette lurte jeg på hva helvete egentlig var, så vi tunet ned i frekvenser mot grovere vibrasjonsfrekvenser. Her hadde jeg med meg et lysvesen, nesten som i Dantes Guddommelige Komedie, som fulgte meg energetisk. Jeg hadde fornemmelsen av at det var en beskyttelse, så jeg ikke skulle bli hengende energetisk der. Men jeg tenkte ikke, det var bare sånn, og jeg fikk ikke gjøre det alene.

Vi var gjennom alle lagene i smerteopplevelse fra fysisk maksimal personlig smerte, til kollektiv smerte og ren psykologisk smerte, og hele den kollektive smerten på jorden. Klodens samlede smertekropp.

Uansett, det vi gjorde var å bevege oss energetisk nærmere jorden og observerte f.eks. en torturscene, hvor jeg fikk se og delvis føle hva som var tanker og følelser rundt det. Jeg fikk beskjed om at det var ondskap, og at det handlet om å påføre maksimal smerte uten død, og mest mulig frykt, og å holde det gående. Man kan ikke pine døde personer og heller ikke besvimte, så det skulle utsettes og unngås.

Videre så vi på at den groveste formen var å glede seg over andres smerte, og at disse var selv skadede mennesker i utgangspunktet. Noen ble tvunget til å utføre ting og syntes det var grusomt å utføre, og noen få var sadister.

Så gikk vi videre til kyniske styresmakter og profittinteresser som ofte var de som lå bak all råskapen og beordret det hele, men de utførte ikke disse jobbene selv. Det var de globale kynikerne. De var de ondeste og de var intelligente, men de var få. Det var veldig få egentlig bevisst onde mennesker, de fleste var ubevisste og forstod ikke helt hva de gjorde, og heller ikke hvordan de skadet seg selv - karmisk.

Et materialistisk verdensbilde og menneskesyn på egoets premisser var på en måte forutsetningen, og alt var deler av nåværende bevissthetsnivå på jorden, hvor mange var mer som intelligente dyr uten åndelig dagsbevissthet. Derfor var de også farlige, spesielt de intelligente av dem, for de var flinkest til å manipulere og bruke intelligensen sin destruktivt.

Deretter forflyttet vi oss til voldtekter og kvinneundertrykking og kriger og massedrap, perversiteter og frykt som våpen og ødeleggelser av sosiale relasjoner med massevoldtekter. Hele spekteret fra fysisk vold til psykisk vold og frykt som våpen og kontrollmekanisme.

Jeg (eller vi) så på hvordan sjelen/ bevisstheten med kroppen som fysisk medium og de fem sansene som erfaringsredskap, uttrykker seg som mennesker, og hvordan vi opplever individualitet som mennesker ved avgrensninger fra sjelen og altet/ bevisstheten gjennom kroppen og sansene.

Det hele var på en måte skapelsens triks for å skape en illusjon om individuell eksistens. Litt som marionettedukker som ikke vet at de ikke handler selv, og at impulsene til handling kommer fra et annet sted.

Så kikket vi på hvordan den fysiske kroppen med nervesystemet sender og formidler fysiske impulser og smertesignaler, og hvordan følelsene formidler glede eller sorg og energi, og videre hvordan tankene er et redskap til å sortere og forstå virkeligheten, huske hendelser og farer, og gjennom frykt skape falske skremselsbilder og fantasier, vrangforestillinger osv.

Samtidig som tankene våre positivt er den kreative evner som kan fange ideer og konkretisere dem.

Vekslingen var hele tiden på hvordan disse mekanismene holdt enkeltindivider og grupper fast i mentale og psykologiske negative eller positive sirkler.

Så var vi innom sammenhenger om hvordan f.eks. to mennesker som sitter på en benk og tilsynelatende har de samme forutsetningene kan ha helt motsatte opplevelser av å være der utifra sin egen subjektive situasjon. Hvordan den ene kan føle den er i himmelen og den andre i helvete, og at disse tilstandene er subjektive opplevelser. Så på hvordan noen mennesker identifiserer seg med sin egen lidelse og repeterer og repeterer den, og hvordan andre bare lærer av det og går videre med en ny erfaring, god eller dårlig.

Vi kikket så vidt på hvordan mennesker driver maktspill med hverandre for å få oppmerksomhet og egoets behov for å være noe og aldri får nok. Kampen om å være penest, rikest, betydningsfull i endeløs konkurranse osv. Og så vidt innom de instinktive mer primitive begjærimpulsene som fører til voldtekter og drap i sinne og sjalusi. Videre hvordan gruppeegoer gjennom trossystemer og kulturell arroganse startet kriger om riktige trossystemer og ressurser. Alt dette som er velkjent for oss alle og det som skaper lidelse på jorden, og som fra et sånt perspektiv er helt absurd. Men menneskeheten har ikke kommet lenger siden mange er identifisert med et veldig begrenset verdensbilde og virkelighetsoppfatning. Det betyr de tror det er sånn, og handler deretter.

27

De fleste var på en måte lukket inne i sin egen psykologiske boble og noen fellesbobler av virkelighetskonstruksjoner. Vi kikket ikke på de spirituelle unntakene her, men de var der, og vi gikk inn på det senere. Dette var mer grader av den gjennomsnittlige dagsbevisste fellesbevisstheten. Hva folk faktisk går rundt og tenker på og hvordan de føler og tar avgjørelser.

Dette var en prosess som pågikk hele tiden uansett, men for de fleste på et ubevisst nivå. Det var et problem fordi frykt skapte frykt og kjærlighet mer kjærlighet. Tankene kanaliserer energi og følelser til handling. Fryktbaserte tanker produserer fryktbaserte handlinger som skader andre – som begynner å beskytte seg selv. En evig runddans.

Jeg ville egentlig undersøke mer detaljer, men fikk beskjed om at det var nok og at jeg skulle videre. Det var vel sikkert derfor jeg hadde følge også, så jeg ikke skulle bli hengende fast og bli sugd inn i alle dramaene som mennesker opplever.

Se også side 57, Fra de lavere energiverdenene til friere sjeler.

Fase 5. Perspektiver rundt livet og menneskehetens evolusjon

Etter denne fasen med disse tunge og vanskelige og verste scenariene som utspiller seg på kloden, tunet vi litt ut igjen til større perspektiver og litt lettere energier. Det blir litt gjentagelser, fordi vi var innom samme områder fra litt forskjellige perspektiver og sammenhenger flere ganger, siden jeg skulle forstå livet som helhet og på jorden, og hvorfor det var som det var.

Vi fortsatte på store sammenhenger på mange plan, og multidimensjonale overblikk. Hendelsene på jorden blir utlest fra et foreløpig ubevisst intensjonsplan for mennesker, men det var en vekselvirkning med individuell og kollektiv bevissthet og større skapelsesplan og totalbevisstheten. I noen terminologier vil det være snakk om personlighetsplan med egoet, sjelsplan og totalbevisstheten.

Vibrasjonsnivået på menneskene skulle opp. I denne prosessen ville mange gå gjennom forandringsprosesser for å kvitte seg med tyngende mental og følelsesmessig bagasje gjennom å forstå mer. Det betydde i praksis at det vi kikket på i den sekvensen med lidelse og med alt det negative, ville måtte forstås, og andre valg bli tatt, for å få slutt på det.

Menneskehetens lidelse er et egoistisk problem som kommer av uvitenhet, og ofte egoisme og uvitenhet satt i system. Profetene i religionene og andre har prøvd å formidle dette på forskjellige måter til forskjellige tider, men blir ofte misforstått. Hadde mange nok forstått mer, ville ting blitt forandret fort. Mange mennesker måtte og ville begynne med seg selv og det vi kaller selvutvikling, og så skape systemer for opplæring av andre. Det var neste steg i den menneskelige utviklingen å bli mer etisk og moralsk bevisste mennesker. Endel ville bli mer spirituelt bevisste, og deretter håndtere situasjoner annerledes, og lære opp andre igjen.

Dette var litt perspektiver fremover i tid, men vi så på det-og-da situasjonen i 1983, og deretter fremover. Jeg kommer tilbake til framtidsscenariene senere.

Personlige motiver og etikk ville bli bedre forstått etter hvert, og personlighetspsykologi og større sammenhenger som kommer inn under transpersonlig psykologi og åndelig psykologi ville bli tatt med. Individuelt og kollektivt fikk alle utfordringer/ problemer etter helt forutsigbare lover som grunnlag for videre utvikling.

Vi fungerte som speil for hverandre. Gjennom å projisere ubevisst materiale over på hverandre, fikk vi våre egne indre konflikter satt i scene utenfor oss selv. Situasjoner og mennesker tiltrekkes og frastøtes sånn sett i en læringsprosess. Nesten som en individuell og kollektiv skole hvor en selv var både lærer, elev og sensor. Pensum var både gitt og ubegrenset fordi mange føringer var der fra før vi ble født. Det er på en måte inkarnasjons- eller fødselsavtalen, og de avtalene er litt forskjellige. Alt var opp til en selv – hvis man først hadde forstått det, også fordi man ville akseptere den avtalen man var her på i dette livet.

Jeg/vi drev hele tiden og zoomet ut og inn på sammenhenger fra helhetsforståelser og kollektive føringer til individnivå.

Forskjellige hendelser ble aktivisert og reversert ut fra hvilke krefter i mennesket som var sterkest (bevissthetsnivå), individuelt og kollektivt. Litt forenklet slik jeg opplevde det kan man se mennesket individuelt og kollektivt som elektromagnetiske energifelt, som tiltrekker og frastøter opplevelser og hendelser ut ifra energi og frekvenser. Det er ofte kalt synkronisitet når forskjellige hendelser, som tilsynelatende ikke har noe med hverandre å gjøre, inntreffer samtidig. Det kommer av disse bakenforliggende mekanismene. Det skaper både ønskede og uønskede situasjoner fra et menneskelig perspektiv, men er grunnleggende en nøytral mekanisme.

Når man ble bevisst dette kunne man påvirke sin egen og andres energi, og forandre eller unngå endel hendelser. Noen hendelser ville likevel komme, men muligens i en mildere form, eller ville bli forstått på en annen måte. Dette er mekanismene som er kalt karma og som er årsak/ virkningsmekanismene i universet.

Mange mennesker med lignende energi vil tiltrekkes av hverandre til det oppstår en metning eller stagnasjon eller destruksjon. Disse vil igjen ha en individuell og kollektiv energi som åpner for å tiltrekkes noe ulikt, som for eksempel mann og kvinne, Vesten tiltrekkes av Østen osv. Det oppstår symbioser som hele tiden utvikles videre til stadig mer sammensatte organismer. Fra uorganisk fysikk og kjemi til organisk kjemi, videre til sosiale strukturer med følelsesmessige og mentale forestillinger, som sameksistensen er organisert rundt. Slik jeg oppfattet det var mennesket fysisk så godt som ferdigskapt, mens den bevissthetsmessige utviklingen hadde store utviklingspotensialer og var det som skulle videreutvikles nå.

Vi kikket litt på typiske misforståelser og maktmisbruk og manipulering. Hvordan mange fra tidlig barndom blir fratatt den indre evalueringen og autoriteten. Videre hvordan samfunnssystemer eller religion motiverer mennesker til å gjøre ting de egentlig ikke vil gjennom trusler og feilinformasjon. Religionene var her ofte verstinger, fordi de var blitt maktstrukturer og hadde mistet sin opprinnelige hensikt, og noen abstraherte frykten utover dette livet med helvete og trusler inn i evigheten. Deretter var vi innom uheldige mønstre som var misforstått som sølibat og endel dogmer, og hvordan da vrangforestillinger og frykt hadde overtatt for den egentlige sannheten og impulsen. Noen av de typiske vrangforestillingene i Vesten er jomfrufødsel, oppstandelsen, og Jesus som Guds eneste sønn i kristendommen. Det er symbolske beskrivelser, og samme med dette helvete og evig helvetes pine. Bare tull. Nå har de fjernet mye, men i 1983 var det ikke sånn på Sørlandet i bibelbeltet hvor jeg vokste opp. Men det er mye i alle religioner eller i grupperinger av dem.

31

Så kikket vi på hvordan den åndelige dimensjon kommuniserte med mennesker, eller riktigere hvilke egenskaper mennesker er født med som er deres forbindelseslinjer til de energetiske dimensjonene, utover de fem sansene. Intuisjon og inspirasjon, drømmer og visjoner er broer til bevisstheten fra personligheten.

Alle mennesker har det, de er bare ikke bevisst det. Fordi den fysiske kroppen og sansene og den ytre verden og et materialistisk verdensbilde er dominerende i vår tid. Andre mennesker og alle inntrykkene, overlevelsesmekanismer, mediene osv. dominerer og stjeler fullstendig oppmerksomheten. Vi glemmer derfor hvem vi er og hvor vi kommer fra og tror dette livet er det eneste, i verste fall, og blir redde for å dø. Alle profetene og alle religionene er i utgangspunktet der for å minne oss på og hjelpe oss å huske og kommunisere med den energetiske åndelige dimensjon. De er ikke ment som frykt og kontrollmekanismer som de ofte har endt opp med å bli.

De er ment som hjelp til forståelse, og gjennom bønn og meditasjon til å skape strukturer som bidrar til åndelig oppvåkning. For at vi ikke skal glemme at vi er åndelige vesener, og respektere guddommelige lover som støtter livet og skaper minst mulig smerte og lidelse.

Fra de perspektivene der var alt logisk og enkelt, men vi er gode til å rote det til. Hele bibelen f.eks. er mer eller mindre historier om inspirasjon og åpenbaringer, engler og drømmer og visjoner, som fikk folk til å forstå sammenhenger og som forvarsler. Dette har alltid vært der også i vår kultur, men de tok enerett på det ved å definere det innenfor sine rammer og tolkninger.

Følelser og kjærlighetslinjene - samvittighet

Bindeledd til den åndelige virkeligheten var bl.a. samvittigheten gjennom følelser av gjenkjennelse, andre er empati, sympati og da medfølelse. De henger sammen og jeg kommer inn på dem senere.

Samvittigheten kunne forurenses av påvirkningen fra omgivelsene. Slik at den ble overaktiv fordi vi lærte å ha dårlig samvittighet for ting det ikke er grunnlag for, fordi vi vurderte ting feil blant annet på grunn av tankemanipulasjon. Å påføre andre dårlig samvittighet var sånn sett et utspekulert eller ubevisst maktredskap alt ettersom. Vi kunne også læres opp til å ikke ha dårlig samvittighet i situasjoner vi burde hatt det, som når vi utfører ordre og følger samfunnssystemer som er skadelige og destruktive.

Når våre indre manøvreringsredskaper er utmanøvrert på denne måten, mangler vi indre holdepunkter for forsvarlig eller rettferdig opptreden og blir prisgitt den ytre verdens omskiftende normer, og mulige maktmenneskers nykker. Dette hadde vært både tyranners og forskjellige religioners grunnlag til maktmisbruk både individuelt og kollektivt. Uten å forrykke menneskers indre veiledning ville de ikke komme noen vei. Vi hadde fysiske sanser til å orientere oss i den fysiske virkeligheten, indre medfødte rettesnorer for å orientere oss åndelig, og meridianer (energikanaler) og nervesystem til å formidle energi og uttrykk begge veier.

Kollektivt hadde mennesket beveget seg fra tidligere mer instinktbasert adferd til tenkning. Fra små grupper (familier), til stammer, landsbyer, (kulturelt like individer) nasjoner, og nå til hele verden som skal lære å leve i fred med hverandre. Etterhvert på jordens premisser og bæreevne.

Dette var en fysisk, følelsesmessig og mental prosess som foregikk i forskjellig tempo på forskjellige plan over hele jorden. Hvis ikke vi bevissthetsmessig og teknologisk klarte å opprettholde en balanse, ville vi få tilsvarende problemer, med for oss den verst tenkelige utgang at vi ville utrydde oss selv på grunn av menneskelig arroganse og egobasert grådighet.

Dette var utfordringen vi sto overfor, og jeg oppfattet det som et kritisk punkt. På den andre siden fikk jeg se mange skarer med hjelpere på mange nivåer (engler, åndelige mestre, guider), som hele tiden stod klare til å hjelpe. Mange mennesker ville bli tatt direkte og indirekte kontakt med. Det var også en plan for menneskehetens utvikling.

På grunn av menneskenes frie vilje hadde de ikke lov til direkte innblanding uten et uttalt ønske om det. Dette ønsket om hjelp kunne uttales med ord eller tanker som ville forsterkes gjennom en følelsesmessig synkron respons. Den frie vilje hadde her med en evolusjon å gjøre som skulle vokse innenfra og utvikle seg. Det var endel av avtalen før man inkarnerer, og endel av utviklingsforløpet til den individuelle sjelen med begrensningene i en fysisk kropp, at direkte innblandinger ikke skjedde uten samtykke. Det hele er en læringsprosess. Kyllingen må selv hakke seg ut av egget når den er klar.

Vi gikk videre igjennom når jeg handlet «riktig», det vil si i samsvar med de «universelle lovene». Det gikk stort sett ut på å handle med kjærlighet eller at intensjonen var det. Det hendte det slo ut feil, men da var man på en måte unnskyldt fordi det var godt ment. Men konsekvensene kunne komme og måtte korrigeres. Vi så også på i hvilken grad menneskeskapte systemer og normer var i takt med eller gikk imot de åndelige lovene/intensjonene. Og hvordan dette gjorde det individuelt og kollektivt vanskelig eller lett å følge dem. Rettssystemet og juridiske lover på jorden i sin rene ikke manipulerende form er et utrykk for disse lovene. Vi kikket på mange av disse spirituelle og energetiske lovene og samspill, og hvordan mange systemer på jorden var litt uperfekte speilbilder, fordi menneskelige nykker og egointeresser forvrengte dem.

Vi så på når jeg hadde gått imot, handlet eller tenkt «feil». Det gikk ut på hva jeg hadde foretatt meg som skadet andre, veldig ofte følelsesmessige fryktbaserte ringvirkninger som fikk folk til å beskytte seg og bygge murer. Mye av dette var igjen egentlig ikke min «feil» fordi det var kulturelt overførte forestillinger jeg provoserte. Men det hendte jeg hadde det moro på noens bekostning og at dette satte utilsiktede spor. Jeg var nok ganske sarkastisk og ironisk og litt uredd, og tullet mye med ting så det hendte folk ble såret, og jeg likte ikke autoriteter og manipulerende sjefer. Mye tull.

Jeg så videre hvordan «himmelen» og «helvete» var menneskerelaterte tilstander. De er knyttet opp mot kroppens biofeedbacksystemer og psykologiske forventninger, sosiale normer, vrangforestillinger, frykt og overtro og så videre.

Vi reiste/tunet oss senere inn i de høyere frekvensområdene dem har vi også tilgang på hele tiden, når vi slipper alle de tingene som holder oss energetisk fast. Det er baklandet for hele vår eksistens og deler av det er kalt Himmelen. Alt dette er tilgjengelig hele tiden når man bare vet hvordan det henger sammen og ikke har helt urealistiske forventninger. Her må vi igjen ta våre inkarnasjonskontrakter med i beregningen.

Deretter observerte vi hvordan alle lever i hver sin lille kulturelle og subjektive virkelighet. Hvordan virkeligheten er strukturert og organisert gjennom kulturelle forestillinger. Og hvordan generasjonene står på skuldrene av hverandre både konstruktivt og destruktivt historisk sett. Og ikke minst de forskjellige religionenes samlende og splittende rolle igjennom historien. Hvordan forskjellige folkeslag har sine dyder og mistolkninger av de store sannhetene, og videre hvordan hele menneskeheten skulle gjennomgå kriser for å virkeliggjøre «Himmelen på jorden.» Egentlig huske at de er åndelige vesener og handle mer deretter. Kriser var et virkemiddel til å intensivere innsatsen på et område for å realisere forandringer fort, både individuelt og kollektivt. Det var ingen straff, men helt forutsigbare årsak- og virkningsforhold med store potensialer for intensivert vekst. De uønskede resultatene var lettere reversible, jo tidligere i forløpet og oppløpet til krisemaksimeringen de ble oppfattet. Det var mekanismer for korrigering av adferd, eller destruksjon.

Skapelsen er usentimental og upersonlig. Men vi som mennesker oppfatter disse skapelseskreftene gjennom følelser og tanker og igjen gjennom kroppens biofeedbacksystemer. Vi er en del av universet og kommuniserer med universet og bevisstheten som ligger bak og gir kraft og energi til alt hele tiden, men mange er ikke bevisst det.

Betinget og ubetinget kjærlighet

Vi fulgte og betraktet den personlige kontaktsøkende kjærligheten med betingelser, til en upersonlig kraft og upersonlig kjærlighet, som vi ofte kaller ubetinget kjærlighet. Følelsene og tankene som er behovstyrt og fryktbasert er endel av overlevelsesinstinktet og egoet. Det er ikke noe galt i det når man bare forstår mekanismene.

Vi så på at mye av hva vi kaller kjærlighet egentlig var begjær som handlet om å ville ha noe. Det var ofte komponenter i den sentimentale kjærligheten som er behovstyrt. Den har betingelser. Mye mellommenneskelig kontakt er basert på den.

Den universelle kjærligheten er endel av skaperkreftene og er dynamisk og givende, og universets forbindelsesledd. Den er både dynamisk og rommende på samme tid, etter frekvens. Den var derfor endel av Guds/ universets eller bevissthetens viljesimpuls dypere sett, som universets energetiske lim mellom frekvenser og dimensjoner.

Opplevelse av glede og lykke kommer fra samme impuls, siden det er skapelseskreftene uten nedbremsing fra materien. Så man kan oppleve glede og lykke direkte, eller fra mer indirekte kilder gjennom å oppleve eller oppnå noe og å få noe.

De positive følelsene og tankene uten indirekte konkret årsak kommer fra bevisstheten gjennom sjelen/energilegemet, eller gjennom sjelen fra andre sjeler. Kjærlighetsenergien blir nedskalert og kanalisert gjennom frekvensrekker av engler og andre i energiverdenene. Her har vi forskjellige tilganger til frekvensområder som mennesker, så vi vil oppleve det forskjellig.

Sånn fikk jeg se ting og overført informasjon, som sagt hele tiden i en slags telepati (tanke/ følelse) formidling, med bilder. Vi bare kikket på sammenhenger i skapelsen fra bevissthetens perspektiv og i nåværende evolusjonsutvikling med fokus på jorden.

Menneskeheten kunne ikke utvikle teknologi og få overført informasjon fra høyere intelligens i energi-frekvens-verdener fortere enn de utviklet sin kjærlighetsevne, fordi alt kan misbrukes.

Vi så også på hvordan denne kjærlighetsenergien kom fra et værensplan bakenfor skaperkreftene eller universets energidimensjoner og opererte imellom mennesker og dyr. Men vi forholdt oss mest til menneskelivet.

Vi så på hvordan den ble forvrengt til sjalusi og eiertrang når folk ble avhengige av hverandre og startet «energikamper», siden de ikke forstod at denne energien er grunnleggende kosmisk.

Omkostningene ved opplevelsen av individualitet blir veldig tydelig, når man opplever eller ser det fra disse nivåene. Hvordan egoet alltid skaper lidelse ved å være i konkurranse og maktkamper hele tiden, når det ikke forstår det er en nedskalering og avgrensning av totalbevisstheten, tilpasset dette livet.

Vi var her også innom mellommenneskelige uttalte og ikke uttalte avtaler, og forskjellen på mellommenneskelig betinget avhengighetskjærlighet og universell ubetinget kjærlighet. Hvordan hele skapelsen var kommuniserende gjennom denne energiflyten og hva som hemmet den. Vi så rett og slett på energiflyt og hva som skapte skurr i systemet og knuter på tråden som løgn og svik og kontrollmekanismer og utroskap og da sårede følelser.

37

Empati og medfølelse

Empati, sympati og medfølelse var endel av skapelseskreftene sånn som de uttrykker seg følelsesmessig i mennesker. Hva vi ofte kaller kjærlighet kunne formidles på den måten, og skapte kontakt gjennom gjenkjennelse. Det er ubevisst for folk flest at denne gjenkjennelsen uten ord grunnleggende kommer fra skapelsens utspring eller «Gud» og er skapelsesenergien. Den strømmer gjennom alt og skaper alt, så den er ikke avhengig av noe eller noen. Den uttrykker seg gjennom alt og forbinder alt. Derfor opplever vi empati med hverandre og dyr og følende vesener, og vi liker pene ting som blomster. Vi gjenkjenner den livgivende energien ubevisst i dens forskjellige manifestasjonsformer. Noen gjør det bevisst.

Empatien kan også forvrenges ved at man har empati med sine nærmeste og sine likesinnede og de av samme kultur, men ikke med andre. Da er vi tilbake til å skape fordeler for seg selv og sine på andres bekostning. Alt dette gjør at mange mennesker er doble. Både kjærlige og ukjærlige, eller empatiske, på en gang etter situasjon og personlige preferanser. Det er helt naturlig, men denne empatievnen måtte utvikles til å gjelde globalt etter hvert. Samme med samvittigheten.

Slik jeg så det ville den mentale intelligensen hele tiden ligge et lite hakk etter «omsorgsevnen» eller kjærlighetsevnen, og det var en avgjørelse som var tatt av de kreftene som hadde ansvar for vår del av evolusjonen som mennesker på jorden. Og det man kan kalle kollektiv karma (årsak/ virkning/ kausalitet), som er endel av en mye større evolusjon, med sine lederskap.

"Det Hvite Broderskapet" og "Rådet av Eldre" er endel av det åndelige hierarkiet som er knyttet opp mot jorden, men de har også kontakt og utvekslinger med andre intelligente vesener i andre stjernesystemer og videre ut i galaksen og universet. Vi så på hvordan endel energifrekvenser skapte verdener og virkeligheter mange plasser.

Vi var i disse fasene stort sett utenfor våre jordiske tidsoppfattelser med tidsdimensjoner i galaktisk eller kosmisk tid. (Kommer tilbake til det også.)

Det er en plan for menneskehetens utvikling, med slingringsmonn sånn jeg så det, og der har vi delvis fri vilje, som enkeltindivider og som helhet. Vi hadde visst ødelagt ting på dette bevissthetsnivået før, både her på planeten og i andre planetsystemer før jordens opprinnelse, så kjærligheten skulle gå først denne gangen. Litt vanskelig å forstå innimellom når vi ser oss rundt her og ser på nyheter, men sånn var det fra det perspektivet, og jeg er selvfølgelig sikker på det stemmer, siden alle årsakssammenhengene ble så tydelig formidlet. Da er det logisk alt sammen.

Tanker og mentalplan

Da vi hadde vært innom hovedpunktene og fulgt endel av energilinjene i følelsesregisteret og kjærlighetsenergien, gikk vi videre til tankeplanet. Evnen til å fange og skape og konkretisere forestillinger fra energiplan til konkrete idèer, og som systemskapende og organiserende evne. De skaper en avgrensning i vibrasjonsformer og energibobler som følelsesenergien ikke gjør. Vi så på hvordan tankene fungerer som en kreativ evne hvor man skapte idèer ifra et i utgangspunktet ubevisst intensjonsplan, som vi fortettet til først abstrakte tankeideer og bilder, så videre til konkrete tankerekker og videre i kommunikasjon med ord og eventuelt skrift. Alt vi mennesker lager er først en idè. Underveis her kunne mye gå litt galt så det ble forvrengninger. Og vi kunne motta ferdige idèer fra andre i energiverdenene, som også kunne misforstås. Tanker kunne komme innenifra, fra abstrakte plan, eller fra egne psykologiske mekanismer, eller utenifra. Og dette sirkulerte også begge veier.

Når det gjaldt både tanker og følelser ville vi derfor oppleve at de var våre, men de kunne også hovedsakelig være noen andres, og vi kunne få informasjon fra det vi i vår kultur vil kalle engler (følelsesimpulser) eller tanker fra åndelige mentale mestre (mentale forestillinger/ bilder/ indre stemmer) og ofte begge deler på èn gang. Endel opplever det også som en kommunikasjon med avdøde, hjelpere og veiledere. Alt dette er bare nivåer av informasjonslag, og fra forskjellige frekvenser igjen. Dette er mye vanligere enn folk trodde den gangen i 1983, men nå er det mer allmennkunnskap, selv om mange fremdeles ser på det som tull siden det er lag i psyken/ bevisstheten de ikke har dagsbevisst tilgang til fordi de ikke er tilstrekkelig bevisstgjort. (Kommer tilbake til dette også senere.) Som sagt kikket vi på, eller fulgte sammenhenger fra mange vinkler og frekvensplan.

Jeg så alt dette som utvidet sansning og hvordan hele vårt erfaringsredskap, kroppen og sansene, kunne motta informasjon utenfor tiden både som overført informasjon gjennom lukt, smak, følelser, tanker, syn, hørsel, og den typiske intuisjonen føle/vite, uten å vite fra hvor. Videre at det kan være vanskelig å skille på minner og overført info som telepati og alle de andre inntrykkene. Ofte kommer det på måter man ikke kan vite, eller fra hvem, hvis det er overført fra «oven», fra ikke fysisk inkarnerte. Vi tunet eller zoomet inn og ut endel på dette hvordan mennesket er en forlengelse inn i den fysiske dimensjon fra de energetiske verdenene, og hvordan følelser og tanker korresponderer og kommuniserer fra forskjellige nivåer. Vi var også igjen innom traumer og vrangforestillinger og rene fantasier. Sistnevnte som endel av menneskets kreative abstrakte evne. Vi var da også innom hvordan tanker og idèer uten en forankring i virkeligheten og ansvar for hva det medførte kunne bli farlig, og noen ganger bare morsomt.

Men vi var igjen innom og så på sammenhenger på jorden hvor intelligente mennesker uten empati kan utføre eksperimenter, lage farlige ting, forskere uten moral og etikk, nysgjerrighet uten styring, flinke organisatorer og taktikere uten empati eller samvittighet og så videre, som brukte intelligensen sin destruktivt. Og at mange var uvitende om hvor mye skade de forårsaket.

Endel var også veldig bevisst det og at maktmenneskene

ikke brydde seg om de negative konsekvensene for andre, og noen likte den makten og brukte den kynisk. Det gav dem enslags mestringsfølelse og makt kombinert med deres evne til å være høye på seg selv og arrogante. Mange bare så det som et bevis på deres egen overlegenhet. De kunne tillate seg hva som helst. De var bare opptatt av seg selv og spillet rundt det hele, som monopol.

Derfor var det mange av de virkelig kyniske som var flinke til å tjene penger på grunn av sin hensynsløshet. De var veldig skadelige, fordi de evnet å skade i store sammenhenger gjennom sin kyniske intelligens og manglende ansvarsfølelse.

At folk sultet, fikk helsen ødelagt og at de ødela livsgrunnlaget og naturen i områder på jorden, eller på kloden generelt, brydde de seg ikke om. De måtte stoppes og møtes hardt med egne midler, for det nyttet ikke å appellere til følelsene, fornuften eller negative konsekvenser. Vel, det var mye sant, og om at tanker uten empatisk og moralsk og etisk styring er ødeleggende. Siden jeg skulle forstå livet som sagt, var det mange runder på dette. Vi har jo endeløse eksempler på det på jorden, men det er også det vi skal lære. Bevisst ansvarlig skapelse i større sammenhenger.

Samtidig var alt fra dette perspektivet i sin skjønneste orden, fordi alt var en bevissthetsmessig evolusjon med kroppen som erfaringsredskap, og vi skulle lære gjennom prøving og feiling som i enslags skole. Utover vanlige problemer som menneskelivet er endel av, produserte vi mye selvpåført smerte og lidelse som var unødvendig på grunn av alle disse (foreløpig for mange) ubevisste mekanismene. Men det var der vi var kollektivt.

Ingenting kan overskrides så utviklingen måtte bare gå sin gang. Mye smerte og lidelse på jorden er et redskap fra skapelsen, som friksjon, som vi skal lære av. Dette er vanskelig å forstå for mange, siden vi er lært opp i helt vrange forestillinger om livet og har da også forventninger deretter. Som at Gud er god og Djevelen står for alt det onde. Isåfall er djevelen et symbol på egoet, men alt er egentlig ett og bare nivåer

41

av skapelsen, så det er en kunstig og lite hensiktsmessig oppdeling. Livet er friksjon og forandring. Igjen, etter å ha sett på dette som vi oppfatter som negative sammenhenger og egoets veier, forflyttet vi oppmerksomheten mot alt det bra som skjer samtidig.

Det finnes visdomstradisjoner på jorden som Advaita Vedanta i Hinduismen og Buddhismen som forklarer dette. De er mye mer riktige her i sine fremstillinger enn de vestlige systemene. Sikkert også fordi de er erkjennelsesretninger og ikke fundert på blind tro og dogmer. Undersøk selv og se hva du kommer frem til er hva man blir fortalt, og gitt metoder til å gjøre det. Jeg har studert dem, og det er helt samsvarende med perspektiver og sammenhenger i denne NDO-en.

Positive sammenhenger og hvordan kjærlige og empatiske holdninger fungerer som deler av kjærlighetstrømmen

Vi fulgte her mellommenneskelig kjærlighet til barn og hverandre, videre til tillit og kjærlighet til likesinnede eller de vi trodde eller tror er det. Hvordan energien fløt lettvint imellom endel mennesker, gjennom tillit og gjenkjennelse og forventninger om hjelp og støtte og utveksling av det. Hvordan endel hjelpeinstinkter og empati/ medfølelse var naturlige tendenser i mange, som endel av den universelle kjærlighetstrømmen som driver skapelsen fremover og samtidig binder alt sammen i en energetisk kommunikasjon.

Hvordan kjærlighet er endel av alt og etslags universelt lim, og hvordan det mentale skaper struktur.

Det er vanskelig å forklare dette fordi man har avgrensende og sammentrekkende krefter, som gjør opplevelsen av forskjellighet gjennom avgrensning mulig. Tenkeevnen er sentral her. Det er endel av de kosmiske frekvensene som også skaper individualitet som energetisk sjel og personlig psykologisk ego.

Det vi kaller kjærlighet er en kosmisk skaperenergi som gjennomstrømmer alt hele tiden, og som vi opplever som glede og ekstase, som kontakt med høyere dimensjoner, eller som omsorg og positive følelser for dyr og andre mennesker, blomster eller skapelsen og livet som helhet.

Det er når denne flyten blir bremset av ego og negativitet og frykt, vold og overgrep, smerte, svik og løgner, at vi blir tungsindige, deprimerte og fulle av angst. Det skjer fordi vi har mistet den bevisste kontakten med kildeenergien og har identifisert oss med egoet og personligheten. Vi blir selvmedlidende, egosentrerte, selvbeskyttende og redde, og uten tillitt til livet og skapelsen eller Gud..

Når vi da har idèer som er sentimentale i mellommenneskelig forstand og starter følelsesdramaer og mentale beskyldninger, forvrenger vi hele grunnlaget og ideen om hva kjærlighet er. Dette utelukker forståelse av hva kjærlighet grunnleggende er og så setter vi oss selv i psykologisk fengsel, føler oss mindreverdige, og kroppen lager stress- hormoner, adrenalin og vi kompenserer på forskjellige måter. Så igjen årsakssammenhenger og reaksjonslinjer. Fra psyken og forestillinger til fysiologiske reaksjoner, og motsatt.

Kjærlighet og forskjellige uttrykk for begjær. Begjær etter enhet

Kjærlighet er i sitt grunnuttrykk ikke menneskelig sentimental psykisk avhengighetskjærlighet eller fysisk begjær. Det er en biologisk nedtransformasjon av den som binder folk sammen og sikrer forplantning når den opererer i den instinktive begjærformen gjennom tiltrekning av motsetninger. Denne begjærkjærligheten kan også gå til begjær etter kunnskap, makt, og kjærlighet/ begjær etter ekstase. Og begjær etter å bli ett med Gud/ Skapelsen eller å forstå det samme. Den kalles da agape i kristendommen og ananda/ bhagti i sanskrit/hindi. Skapelsen av materien er og så av kjærlighet, så bevisstheten kan oppleve seg selv. Sånn sett

43

ser Gud eller bevisstheten tilbake på seg selv i det selvreali-
serte eller gudsbevisste mennesket, og gjenkjenner seg selv
som det. Da har kjærligheten gjennom begjæret etter foren-
ing, brakt den individuelle bevisstheten i mennesket gjen-
nom savn og sorg over noe det følte det manglet, tilbake til
seg selv. Begjær er kjærlighet i «vil ha noe» og "savner noe"
formen, og kjærlighet direkte er utstrømmende givende og
gir opplevelser av glede og lykke uten en annen årsak. Når
mennesker søker og forventer at andre mennesker skal opp-
fylle dette behovet for tilhørighet/ ekstase/ fullkommenhet/
enhet og så videre, så har man alle komponentene til alle
dramaene på jorden.

Det perfekte idealet kan ingen mennesker fylle, fordi det er
det ubevisste ønsket og dragningen til å være ett med ska-
pelsen i enhet og totalt elsket uten forbehold. Det er fullt
mulig når alle vrangforestillingene er forstått og alle hind-
ringene overskredet, som innebærer overgivelsen til noe
større og å forstå at vi er endel av skapelsen, og at vi uansett
ikke har kontroll på livet og døden. Det er den egentlige
opplysningen og selvrealiseringen, og den erkjennelsen ska-
per fred med seg selv og livet og eksistensen som helhet.

Kjærlighet som formidlet av nonner og
munker og hjelpeorganisasjoner

Så kikket vi på hvordan hjelpeorganisasjoner og nonnevese-
ner og munkevesener hadde empati og medfølelse med li-
delsene i verden som endel av sin praksis, og hvordan prak-
tisk kjærlighet i handling og medfølelse var satt i system. Og
også hvordan endel lot som for egen vinning eller for å late
som de var gode mennesker for å dekke over egen svakhet
eller ønske om å være noe de ikke var. Da var vi også innom
endel helt urealistiske idealer mange har om hvor «rene» vi
skal være og hvordan da mange hadde forventninger til seg
selv og andre igjen som gjerne var religiøst betingede illu-
sjoner. Hvor noe var riktig for noen, men ikke for de fleste,
som for eksempel sølibat.

44

Vi tok et overblikk over jorden og hva som foregikk av menneskelig aktivitet som var for å hjelpe, også dyr. Jeg går ikke inn på det, men industrilandbruket er ikke hyggelig fra et sånt perspektiv. Dyr er våre sansende medskapninger og i mange sammenhenger hjelpere, og vi behandler dem ofte ikke pent i våre dager. Fordi vi har mistet de åndelige sammenhengene i skapelsen, og da respekten og kjærligheten til hele skapelsen, og tror vi kan bruke og utnytte alt på kloden og gjøre som vi vil. Det vil straffe seg, men det er også vår læring. Årsak og virkning.

Vi er kollektivt fremdeles en blanding av ubevisst dyrebevissthet og instinktstyrte og redde for å dø, og et bevisst energivesen eller åndelig vesen som forstår at man er endel av det evige liv, og har delansvar for helheten på jorden. Vi er deler av den uttøvende bevissheten i skapelsen. Men det er et stykke frem til å forstå det kollektivt. Den globale empatien og kjærligheten og forståelsen vill vekkes hos flere etter hvert.

Fase 6. Ny energioverføring

Jeg fikk ny energioverføring og jeg skulle gi slipp på enda flere frekvenser som var lavere og i forhold til jorden. Vi eller jeg skulle tune ut av hele jordenergien. Det var en form for trening i bevisst intensjon og oppmerksomhet og å samkjøre tanker og følelser, eller trekke dem inn i seg selv, og la energien bringe en dit en ønsket. Den fysiske kroppen var på jorden, så jeg måtte mestre meg selv som enslags energiboble. Jeg gikk her gjennom en trening, hvor jeg skulle lære å forflytte meg selvstendig. Det var under veiledning av energivesener eller sjeler igjen, men jeg visste ikke konkret hvem. Det var ikke noe tema. Ingenting var mistenkelig eller skapte usikkerhet, så jeg hadde ingen type motstandsenergi eller mistillit. Jeg husker bare det var litt forvirrende i starten fordi jeg havnet IKKE der jeg ville, og jeg hadde klar fornemmelse av at noen lo eller ihvertfall syntes det var morsomt. Jeg ble stabilisert flere ganger mens jeg lærte å få kontroll på følelsene og tankene og konsentrere meg tilstrekkelig ensrettet, og til «de» kommuniserte at jeg kunne det godt nok. Sikkert litt som å lære å sykle.

Skapelsens evolusjoner og evolusjonsplan som egentlig er èn

Energi og bevissthet

Alt i det fysiske universet er energi i bevegelse. Det kunne ikke forsvinne, bare skifte form. Det beveget seg fra en før - dualistisk energi gjennom spaltning til to motsatt virkende krefter, som vi mennesker har kalt mye forskjellig. Den sammenbindende kraften i universet var kjærligheten og den andre kosmisk intelligens, en strukturerende energiavgrensning, som vi langt nedi skapelsesrekkene oppfatter som idèer og tanker. Den dualistiske energien beveget seg frekvensmessig nedover til grovere og grovere plan, for til slutt å inngå i den fysiske materiens oppbygning. Her dannet det seg stoffer som man finner igjen i kvantene i atomets oppbygning. Det beveget seg videre til molekyler, mineraler, mikroorganismer, planter, dyr og mennesker. Hvert steg videre evolusjonsmessig var vesensforskjellig fra de andre. Neste steg hadde inkorporert egenskapene til de foregående. Med mennesket på toppen, som hadde mulighet gjennom sin bevissthet til å erkjenne alt. Energien hadde en fysisk og en ikke-fysisk, bevissthetsmessig side, hvor materien ble organisert gjennom en alt - tilstedeværende bevissthet som ga forskjellig uttrykk på forskjellige nivåer av væren i hele universet og alle galakser og energiverdener. På jorden var fortetningen til mineraler og grunnstoffer blitt byggesteiner. Alger og planter omdannet uorganisk materie til organisk materie, og tilførte komponenter som vann og dannet photosyntesen som omdanner luftelementet og frigjør oksygen. Organisk materie var avgjørende for annet liv som livnærte seg på plantene (Livsenergi).

Dyrene spiste planter og hverandre, følte, og kunne bli glad og lei seg. (Følelser pluss enkel tankegang.) Mennesket hadde intellekt, fantasi og refleksjonsevne til å forstå universets mysterier og sin egen rolle. Det var fysisk nesten ferdigutviklet og stod på toppen av evolusjonen på jorden både fysisk og bevissthetsmessig. Det skulle nå lære seg å ta i bruk nye egenskaper og måtte lære å tenke i større sammenhenger angående årsak og virkning og forstå forskjellig konsekvenser.

Vi var bevissthetsmessige analfabeter, og på vei til å lage store problemer for oss selv, men det var nødvendig for å åpne øynene våre. Tankene og følelsene var ikke fysiske energier, men som i fortettet form var nesten fysiske, og hadde sterkt innvirkningskraft, eller ordnende kraft på materien. Nesten som metallspon som ordner seg etter en magnet. Så var det positive og negative, eller oppbyggende og nedbrytende tanker og følelser. Ethvert menneske var hovedsakelig mest preget av det ene eller det andre. Men det kunne også variere gjennom livet. Et menneskes livsløp ville preges av evnen til å ikke la seg tynge av hendelser, men finne meningen og grunnlaget for vekst som ligger latent. Noen, og etter hvert mange, ville gjennomskue problematikken og frigjøre seg fra alt, for videre å hjelpe andre til å følge etter.

Tiden er relativ. Forskjellige perspektiver

Som så mange andre ting oppfattet jeg tiden som et stort paradoks. Gjennom å projisere/ fokusere bevisstheten inn i en flue, fikk jeg oppleve hvordan det var å være flue. Hjerteslag, vinger og oppfattelse beveger seg veldig fort, fra vårt ståsted. Men fra fluens var det omverdenen som passerte i sakte kino. Jeg oppfattet at fluen levde livet sitt veldig fort på alle områder, så livsløpet innbefattet mye hurtig.

Jeg gjorde det samme med et blad på et tre. Der kjente jeg på hvordan det var å «være et blad». Etter dette så jeg på avstand hvordan steiner og fjell har sin livstid, trær, blomster, dyr, mennesker, og stjerner og galakser. Alt kom og gikk i sin egen tid. Noen kunne ha et langt fort liv – selv om det virket kort for oss. Andre kunne ha lange tidsmessige liv, men med lite innhold. Så fra et «utenfor tiden»-synspunkt var det ikke lenger. Man kunne kanskje her snakke om vertikal opplevelse fra bevisstheten og horisontal tid og evolusjon, som også er representert i korset. I horisontal tid husker vi hendelser etter hverandre historisk og lineær-logisk, regulert fra sekunder til år, uten nødvendigvis en oppfattelse av en indre bakenforliggende sammenheng. I vertikal "tid" oppleves bevisstheten direkte og man kan oppleve at alt eksisterer samtidig. Mens muligheter og hendelser kommer til syne i brokker og bevissthetsimpulser som et puslespill over tid, ofte med lineær-logiske hendelser imellom, sett fra en horisontal oppfattelse. Man opplever gjerne sammenhenger som en rød tråd i ettertid. Omtrent som et puslespill.

En måte å prøve å forstå det på, er at en impuls er kortfattet og intens, men det kan kanskje ta 20 år å få det manifestert konkret.

Den vertikale impulsen og «værensfeltet» har ingen tid, men

48

den horisontale manifestasjonen tar tid.

Slik fungerer hele skapelsen på alle plan. Den bakenforliggende totalbevisstheten er utenfor tid. Delbevisstheter er i tid. Store tidsperspektiver som skapelsen og destruksjonen av galakser og stjernesystemer med sine intelligensformer, og ned til livet på jorden innenfor en tidsalder eller et menneskeliv eksisterer i tid. Sistnevnte vil være det man kan kalle horisontal tid som kan måles. Som vi opplever i småskala som mennesker og har organisert fra jordens rundgang rundt solen og seg selv og ned til år og dager, minutter og sekunder.

Her tar ting den tid det tar i vår fysiske dimensjon. I den vertikale bevissthetstrømmen som pusher evolusjonen synliggjøres ofte indre bakenforliggende sammenhenger. Disse utgjør til sammen en forutsigbar og en uforutsigbar foranderlig virkelighet, hvor evigheten strømmer inn i nået, hvis man kan balansere og være i begge virkelighetsdimensjonene samtidig.

Endel visjonære og vitenskapsfolk kan få glimt eller hele scenarier av hva som kommer til å skje, eller hvordan ting henger sammen. Ofte ikke eksakt, men hovedlinjer. Det er faktisk vanligere enn mange tror, og mange i næringslivet og oppfinnere og kunstnere har evnen til å «lese tidsånden» og få inspirasjoner og intuisjoner litt utenfor tiden. Livet består av mange øyeblikk som etterfølger hverandre og er alltid i forandring, og her møtes disse to linjene i korset som er nået på midten hele tiden, imens evolusjonen skrider frem, både individuelt og kollektivt. Innimellom opplever vi dette som synkronisitet hvor mange forskjellige faktorer organiserer seg og gir seg til kjenne samtidig og helt nye muligheter oppstår. Siden bevisstheten er overordnet materien er det mulig å påvirke dette noen ganger, men egentlig handler det om å fange tidsåndens muligheter.

Man kan også oppfatte ting utenfor tiden som har skjedd eller vil skje, men som ikke er relevant i forhold til nåtiden, igjen individuelt og kollektivt. Det var mye det jeg gjorde i NDO-en. Jeg kunne forflytte meg i tid. Det er også mulig å

49

oppfatte ting fra tidligere liv og evolusjoner og evolusjoner andre steder, men det er ikke så vanlig. Fordi få har egenskaper til det og det kan være interessant, men ofte ikke veldig nyttig. Det er også endel av helheten som blir "lukket av" og som vi ofte ikke har hukommelse om i nye inkarnasjoner. Selv om det kan hjelpe på forståelsen av livet, og at livet er evig, og noen ganger ens eget liv. Mange opplever noe av dette i regresjoner, telepati og kanalisering. En utfordring kan da være å plassere informasjonen riktig, skille informasjonen som er relevant for dette livet eller for andre, og hva som bare er innblikk i andre virkeligheter. Ved å oppleve større sammenhenger blir mange mere ydmyke og forstår at vi ikke kun lever en gang, eller er alene som sivilisasjon. Det er mange.

Vi har ofte mer enn nok med å håndtere livet her i denne omgang, med de utfordringene i tiden vi lever i på jorden. Det kan skape forvirring hvis man ikke oppfatter at det ikke har med nåværende liv eller evolusjonen på jorden å gjøre, men noe som foregår på helt andre premisser andre steder i solsystemer og andre galakser. Bevisstheten og universet er informasjon som ikke er tidsbestemt i energiverdenene sånn vi oppfatter det her i en fysisk kropp. I mulighetenes verden går alt an, men på jorden er det litt mer begrenset, også fordi vi inkarnerer i en setting, og sånn sett er et fokuspunkt for bevisstheten i tid. Vi opplever det bare ikke sånn fra personligheten og egoets identifikasjon med personene i nåtid.

Så lenge denne identifikasjonen er styrende har man også mer begrenset bevegelsesrom som mennesker. Jeg er innom dette med tid og fri vilje til å skape flere steder. Disse egenskapene blir mere vanlige.

Fase 7. Bevisstheten er alt som er og tidløst

Alt ER bevissthet. Alt som HAR vært, alt som ER, og alt som VIL BLI er bevissthet.

Dette er for oss mennesker vanskelig å forstå, fordi totalbevisstheten eksisterer ikke i tid, men utenfor, bakenfor. inni og rommer alt. Alt er et EVIG NÅ.

Jeg er litt innom tid et annet sted. Fra dette perspektivet kan man bevege seg rundt i den fysiske skapelsen, i energiverdenene, og idèverdenene og intensjonsvirkelighetene, og i disse er alle tenkelige og utenkelige muligheter latente, og mange indre energiverdener på alle frekvenser i alle solsystemer og galakser og universer. Mange skapelser og evolusjoner pågår hele tiden. Det er den evige kosmiske dansen, hvor fysiske galakser blir født og dør, og energivesener på alle de forskjellige frekvensplanene er deler av og nedtransformerte ideer (tankekonstruksjoner) og følelsesenergier som kjærlighet videre nedover i frekvensplanene. Dette er strømmen vi opplever som vilje og Guds vilje, som da er hovedsakelig todelt i sin uttrykksform, som tanker og følelser i mennesket. Vi kaller gjerne sjeler hovedsakelig polarisert i kjærlighetsenergien for engler (feminin), og sjeler polarisert i mental forståelse/ struktur åndelige mestre (maskulin). Noen sjeler er også androgyne, som vil si de er energetisk balanserte og kan tilkjennegi seg i begge utrykkene, eller uten polarisering.

Jeg skal skrive litt om disse hver for seg, men de eksisterer samtidig, og utrykkes ulikt i forskjellige evolusjoner, som galakser, solsystemer og planeter. Dette er veldig overordnet og beskriver bare de store linjene.

Materien er ikke noe for seg selv og bevisstheten adskilt som mange tror. Materien er også bevissthet, men i en «størknet» form, som forandres kontinuerlig over tid og som organiserer seg på nytt i nye former.

Bevissthetsmessige reiser fra perspektivet på jorden, zoomet inn i universet

På grunn av begrenset tid fikk jeg bare korte innblikk i forskjellige mulige virkeligheter. Forflytningen skjedde ved å tenke på noe, så var man der, eller at det jeg oppleve som meg (bevisstheten) utvidet seg selv. Går delvis an å sammenligne med å gå baklengs opp på en fjelltopp, så ut gjennom solsystemer og galaksen og galaksehoper til man er bakenfor hele skapelsen, hvor overblikket blir større og større samtidig som detaljer forsvinner og nye nivåer oppleves, og tilbake igjen.

En sekvens her var at jeg både så objektivt på, og opplevde å være universet samtidig.

Jeg vet det høres umulig ut, men jeg skal prøve å forklare, fordi jeg hadde flere av disse reisene, i hovedsak tre som kan skilles fra hverandre, men hvor alt egentlig eksisterte samtidig.

Som tidligere nevnt, kan det sammenlignes med en film man ser ovenfra i fugleperspektiv, og hvor man kan spole frem og tilbake samtidig, på hendelsesforløp og årsak-sammenhenger som de involverte i filmen ikke kan se.

Den første var gjennom den fysiske skapelse, den andre på følelse eller kjærlighetslinjen, og den tredje på tanke og mentale strukturer og utvidelser eller linjer og bobler. Jeg reiste eller zoomet bare på forskjellig energilinjer, eller fokuserte på forskjellige energilinjer. Faktisk gikk jeg gjennom utvidelsesprosesser i bevisstheten hvor rammer ble oppløst eller overskredet nivå etter nivå. Som å bevege seg gjennom bobler med innhold som stadig utvides i større bobler med nytt innhold, til alt er ett. Som en reise baklengs fra individ eller fysiske former som stein, til totalbevisstheten og tilbake igjen. Dette kan beskrives på mange måter. En annen måte er som å oppleve fra personlig jeg-bevissthet til sjelelig jeg-bevissthet til allbevisstheten uten jeg, hvor all identitetsfølelse forsvinner, og tilbake igjen. Jeg gjorde dette mange ganger, derfor endel gjentakelser.

Forskjellige virkeligheter som er grunnleggende èn bevissthet

Disse frekvenssfærene og endel av sjelene kan kommunisere enten på tanker eller følelser og eventuelt på begge deler på èn gang. Og man kan kommunisere i bilder med tanker og følelser. Visdomslagene var blant de høyere frekvenssfærene, ikke så ulikt skolestrukturer på jorden hvor hvert trinn har sin kompetanse, og noen overlapper hverandre.

Det var som tidligere nevnt slik at man forsto nivåene under, mens de over måtte man be om å få hjelp fra, og be om kontakt med. Det gjør at i energiverdenene går det ikke an å lyve, for alt er åpent og frekvensbestemt. Det er en nedtransformering fra totalbevisstheten til begrensinger av bevisstheten eller oppstykkinger. Disse delbevissthetene i mentallinjene kommer til uttrykk som intensjon og så til ideer, så til tanker og konkretisering.

Mentallinjene strukturerer, og følelseslinjene gir intensiteter i energilinjene opp gjennom frekvensnivåene. Tankene strukturerer og avgrenser og følelsene gir liv/ energi/ innhold. Men de følger hverandre nedover i frekvenser fra totalbevisstheten som er nøytral. Hele universet fra hver celle i vår kropp til galakser har sin «membran» som avgrenser og kommuniserer mot omgivelsene.

1. En reise med fokus i det fysiske universet

Dette startet fra jorden, hvor vi da hadde vært gjennom en del sammenhenger som nevnt tidligere, og fulgte sammenhenger ut i universet. En slags ekspandering av bevisstheten, (men i bevisstheten), siden den er alt, som sagt.

På en måte kan det virke som vi gikk bakover i tid, fordi vi fulgte jordens utvikling baklengs, men det gikk fort som et tog i hurtigfart, så ingen detaljer. Jeg hadde ingen følelse av å ha noen med her, men de var der sikkert. Jeg var bare ikke avhengig siden jeg hadde gjennomgått denne treningen som også innebar et sted å nulle seg ut og å være ingenting. Uten identifikasjon med noen ting.

Det som videre skjedde, er at bevisstheten VAR og JEG var. Siden jeg ER bevisstheten, både ER oppleveren og det fysiske som solen, og rommer solen og all skapelsen videre ut i galaksen, og videre ut gjennom andre galakser og galaksesystemer. På den måten så utvidet den «jeg er» opplevelsen seg til «jeg var» et sted bakenfor hele den fysiske skapelsen hvor de fusjonerte og jeg som opplever forsvant. Det er det som gjør alt mye vanskeligere å skrive og fortelle om, fordi det er ingen person og identifikasjon med et individ tilbake. Heller ikke som individuell sjel.

Men samtidig fra dette bakenforliggende bevissthetsfeltet så jeg og observerte enorme mengder galakser bli født og dø. Jeg oppfattet også at hele universet var intelligent og denne intelligensen skapte og utslettet, skapte og utslettet i evighet. Jeg kunne også høre en grunntone som lå bak det hele, og alle hadde sine grunntoner. En slags sfærisk musikk. Alle galaksene hadde også sin bevissthet med variasjoner. På en måte var alle galaksene individualisert fra den kosmiske intelligensen som avgrenser og lager strukturer, og alt er grunnleggende skapt av en bakenforliggende udifferensiert energi.

Fra dette veldig bakenforliggende perspektivet fra evigheten, zoomet bevisstheten og jeg, eller det jeg opplevde som meg, inn imot galaksene igjen og ned mot vår galakse. Videre gjennom solsystemer eller forbi dem, og deres mer avgrensede bevisstheter, videre ned til solen med dens bevissthet, og ned til jorden med dens bevissthet.

På deler av denne veien tilbake samlet solsystemer seg fra energi til gassform og så til fysisk materie, og det samme med jorden. Jeg så hvordan jorden ble fortettet og tok fysisk form, så fjell og vann ble til, og hvordan fjell og vulkaner og andre naturfenomener forandret strukturen på jorden. Jeg så når de første organismer kom til som uorganisk biologi til organisk sansende liv, videre utviklingen til planter og dyr, og at dyrelivet forandret seg og mennesker kom til, og opptil vår tid.

Hele tiden mens bevisstheten skapte mer og mer sammensatte organismer og kropper med flere og flere egenskaper, og kunne utvide til fysiske sanser og instinkter, så følelse- og enkle tanker og det vi kaller utvidet abstrakt tenkning og videre utvidet sansning. Hele evolusjonen i hurtigfart siden bevisstheten tunet/ zoomet seg tilbake hele veien opp til vår tid. (Så videre litt frem i tid, men det kommer jeg tilbake til.) Og igjen, mennesket er et energivesen og et fysisk individ skapt av disse fysiske byggesteinene, men den energien og intelligensen (sjelen) som er en avgrensning fra den absolutte bevisstheten, er det som driver hele maskineriet og som opplever igjennom den fysiske kroppen, tankene og følelsene. Kroppen er et verktøy til at sjelen og bevisstheten kan oppleve seg selv, og vi er endel av det evige liv og totalbevisstheten - det kosmiske liv. Bevisstheten, energiverdenene og materien er ett, men oppleves av mennesker som forskjellig.

Fysiske galakser blir født og dør, solsystemer, planeter og mennesker, men den bakenforliggende intelligensen og energien eksisterer evig. Det evige liv som leker gjemsel med seg selv på en måte. Alt i det fysiske universet er alltid i forandring, men det skifter bare form og går ut og inn av fysisk eksistens. Fysisk eksistens er det groveste fortetningsplanet av energi. Sten er størknet energi, og diamanter, mineraler, gull og andre metaller.. De har en "levetid" de også. Dette vet vi godt.

Vitenskapen med kvantefysikken og det periodiske systemet forklarer dette, men det fant jeg ut senere. Jeg visste ikke noe om disse tingene da, jeg bare så det og opplevde det. Det de ikke har blitt enige med seg selv om, er hva som styrer alt og rommer alt, og såkalt mørk materie.

2. En reise i følelsesdimensjonen eller kjærlighetsdimensjonen

Dette startet egentlig med å begynne å følge følelser uten tanker, og fortsatte innover eller oppover i frekvenser. Fra mer rolige følelser vi kan gjenkjenne som kjølende beroligende kjærlighet til sterkere energifrekvenser vi nok vil kalle ekstase. Videre til rett og slett energiutstrømninger som var så sterke at jeg fulgte strømmen inn i absolutt intethet, som likevel var ladet på en måte, og fullstendig lykksalighet og ren vibrerende lykke. Bakenfor var det ro, alt opphører.

Jeg stoppet ikke mye underveis her, men det var energisfærer med vesener eller sjeler på alle nivåene, og noen av dem holdt energien i større og mindre områder, og mange andre var innenfor her igjen. Det var energiformer av kjærlighet som omkranset både solsystemer og galakser, og ned til oss mennesker, planter og dyr. Jeg hadde ingen formening om disse tingene den gangen, men det er nok englesfærene og devarikene vi pleier å kalle det. De nedtransformerer først og fremst kjærlighetsenergi, og noen vil kalle det kristusenergien, ihvertfall på noen av frekvensene. Denne energien er dypere sett veldig sterk og kan brenne opp ting og hindringer som åndelig ild, og er knyttet opp med vilje, som er den grunnleggende evolusjonære utstrømmende kraften i skapelsen og begjær i forskjellige evolusjoner. Det er også energien på dypere frekvenser til forandring og oppløsning. Jeg husker jeg ble stoppet på sfære seks, som var en hvitaktig kjærlighetsenergi på planet før ildenergien, og fikk spesielt beskjed om å huske dette. Det var en sfære eller frekvens av hengivenhet og fred som var veldig fin å være i kontakt med og sterk. Det var lett å bli avhengig og bli hengende fast der, for det var ikke tanker. Jeg fikk også beskjed om at hengivenhet uten å stille spørsmål var det vi skulle bort ifra på jorden, og at det var denne sfæren som var hovedproblemet angående det. Rett og slett fordi det var så behagelig å være der at man ville ikke bort fra det eller tenke. Bare være i flytende hengiven væren. Hengivenhet og å bare flyte i en sfære av omsorg og velbehag og omsluttende aksepterende kjærlighet kom derfra. Endel av guruproblematikken og kristendommens «tro, men ikke vite» dogmatikk var delvis avhengig av det, i sin negative tilbedelsesform, så det ble ofte misbrukt.

Det jeg fikk følelsen av, og delvis tankeoverføringer om, var at man kunne bli her lenge og ikke ha noe ønske om noe annet, siden det var så behagelig. Men at det ville før eller senere nå en metning som kunne ta tusenvis eller millioner av år, og at det var ikke det endelige målet, men en «felle». Selv om det ikke var noe rett og galt. Mer enslags monoton kjedsommelighet.

Mange åndelige karismatiske personer og åndelige ledere og helgener hadde overvekt fra denne linjen, som kan kalles kjærlighetslinjen. Jeg ville forstå mer, men da skiftet jeg over til mentallinjen og da visdomslinjene og tankestrukturene.

3. Mentalplanet og visdomslinjene

Det kosmiske sinn og frekvensstyrt intensjon ned til idèverdener og konkret tenkning.

Vi som mennesker, er som skapte individer utstyrt med oppstykking av egenskaper i fysisk sansning, tanker og følelser, og abstraheringsevne og fantasi og muligheter for utvidet sansning (synskhet, klarhøring, føle/vite, intuisjon og inspirasjon osv.). Alle er erfaringsredskaper utviklet gjennom evolusjonen til å oppleve allbevisstheten uttrykt oppdelt.

Tenkeevnen kommer av det kosmiske sinnet nedskalert til slik vi opplever det som tanker, som også er litt forskjellig, siden vi er født som mennesker med (hovedvekt på) forskjellige egenskaper. Kvinner og menn er også generelt forskjellige, men det er overlappinger som gjør at på individplan er noen ganger psykologiske egenskaper ikke kjønnsbestemte, men egenskapsbestemte. Det gjør at vi kan ha kvinner som er hovedsakelig mentale (tankestyrte) og menn som er hovedsakelig følelsesstyrte (emosjonelle). Det vil i utvidet sansning som kommunikasjon tilkjennegi seg som mental inspirasjon/ tanker og strukturbilder, eller som følelser intuisjon føle/vite. Begge deler kan oppstå samtidig.

Jeg forflyttet oppmerksomheten fra følelsesrikene som er noe helt annet enn følelsene på jorden i en fysisk kropp, fordi det er en letthet vi ikke opplever her. Vi kan oppleve litt lignende veldig sjeldent hvis vi mediterer. Endel gjør det i naturen innimellom, eller når de er veldig inspirert og oppslukt i noe de holder på med.

Jeg hadde vært så mye frem og tilbake og opp og ned gjennom forskjellige skapelsesnivåer på dette «tidspunktet» at jeg nesten begynte å bli litt kjent, så jeg begynte å oppleve virkelighetskonstruksjoner som skapte avgrensninger mellom opplevelsesverdener, igjen frekvensstyrt. Det var her jeg hovedsakelig og litt sammenhengende fikk se og oppleve hvordan energivesener eller sjeler levde i forskjellige virkeligheter i energiverdenene, og hvordan det igjen korresponderte med livet på jorden. Mange fra forskjellige frekvensområder var i fysisk kropp på jorden og det skapte det mangfoldet som er her. Så fikk jeg se at det hele er en kollektiv bevissthetsutvikling og at motstanden mot skapelsesevnen og forsinkelsesaspektet i materien skulle lære oss å bli mer bevisste skapere, også etter døden i energiverdenene. Det var en veldig hurtig utviklingsvei for sjelene fordi man møtte så konkret konsekvensene av sine tanker og følelser og handlinger i en fysisk kropp med alle erfaringsredskapene. Det du gjør vil komme tilbake til deg så du kan kjenne på hvordan det er (karma, årsak og virkning). Vi så også hvordan kulturer og gruppesjeler hadde sin karma.

Jeg så at det er læremestre for menneskeheten, som er her for å lære videre å mestre skapelse i større sammenhenger ved å inkarnere med en større bevissthet enn gjennomsnittsmennesket, helt opp til profetene som var blant de med høyest bevissthet og størst kjærlighetsevne som inkarnerer på jorden jevnlig, for å hjelpe. De stod igjen i kontakt med læremestre som ikke bare er knyttet til vårt solsystem, men andre stjernesystemer og videre ut over galaksen. Var ikke helt enkelt dette fordi endel hadde også tendenser de skulle lære seg å håndtere bedre, derfor har vi endel åndelige ledere som misbruker posisjonen sin til å få egne fordeler. De har sine "blindsoner", eller medfødte svakheter de trener på å mestre, og noen for å balansere ut tidligere handlinger.

Fra de lavere energiverdenene til friere sjeler

På de lavere frekvensene så det ut som menneskelignende skyggeskikkelser som slepte benene etter seg i forskjellige tåketilstander. Jeg mener jeg ble fortalt at dette var det vi kalte spøkelser og andre som ikke klarte å befri seg fra jorden av forskjellige grunner. Besettelser kom også fra disse planene, fordi flere ønsket en kropp eller ikke forsto ordentlig at de var døde og ville tilbake. Noen repeterte ting igjen og igjen. Det kan minne om folk med traumer etter hendelser de ikke klarer å fri seg fra, hvor mareritt og hendelser repeteres. Jeg fikk ikke anledning til å studere dette nøye med alle sammenhengene rundt det, og helt hvordan det fungerte. Jeg så dette bare fort på avstand. I våre terminologier tror jeg dette må ha vært forskjellige tilstander av det noen vil kalle «helvete», men det var kun mennesker som ikke klarte å frigjøre seg fra gjentatte egne følelsesmessige og mentale forestillinger. Jeg tror også noen av dem kunne være lettere ondskapsfulle, fordi de var mentalt låst i forestillinger og forventninger, og hadde formeninger om hvordan ting skulle være, uten empati, gjennom tankestrukturer som var så etablert at de psykologisk var i sitt eget fengsel. Mye negativitet eller fastlåsthet gir ikke rom for positive følelser, fordi det er egentlig fryktstyrt, og det er frekvensstyrt, så det er en selvopprettholdende tilstand i ubehagelige opplevelser og følelser. Men siden energien og bevissthetsnivået de fungerte på var lavt, var de i beste fall henvist til sine egne. Dette var individer som satt veldig fast, men som kunne hjelpes med bønn. Jeg forsto at noen hadde vært sånn lenge fordi alt gikk veldig sent på dette planet. De på lavere frekvenser kunne fornemme frekvenser over seg, men ikke kommunisere åpent og påvirke. De måtte da be om kontakt, og bli kontaktet. Slik ble mulighetene for lavfrekvente sjeler til å utøve negativitet begrenset. Mer enn dette rakk jeg ikke å få innblikk i. Jeg så hele tiden klare paralleller til jorden, bare at her har vi kropper og kommuniserer tankene med ord. Det gjør det mulig å forvrenge sannheten ved f.eks. løgn, manipulasjoner og fordekte motiver. Det går ikke på den andre siden. Der er det tydelig at man lurer først og fremst seg selv, siden alt er telepatisk åpent og alle ser hva som foregår og hvorfor.

Fra disse lavfrekvente planene gikk vi gradvis til mer høyfrekvente energier og bevisstheter. Dette var også illusjonsplan eller magiske virkeligheter, men mye hyggeligere. Her kunne det leve individer/ sjeler som enten trodde det var slik, eller individer/ sjeler som foretrakk en spesifikk illusjon en periode. Enten for gøy, for å hvile i en tilstand med andre i samme tilstand, eller for erfaringens del. Det kunne være individer som skapte seg hus og inventar fordi de likte det, og også energikropper som var synlige med forskjellig tetthetsgrad og eventuelt bekledning. Skulle man forandre noe var det bare å tenke/ ønske seg det annerledes så ble det manifestert. Skape med fantasien. Det kunne være flotte hager som lignet dem på jorden i de groveste manifestasjonene. Eller mer overjordisk flotte farger og akvarelloverganger med hus med nesten gjennomsiktige vegger. Her hadde individene mye større bevegelsesfrihet, men allikevel rammer. Jeg tror dette var følelsesmessig forholdsvis avklarede personer, men med klare mentale forestillinger og ønsker de manifesterte forskjellige virkeligheter gjennom. Det var ikke mye drama her, men de hadde begrenset bevissthet. Mange hadde det så fint at de var ikke interessert i noe annet og manifesterte da heller ikke noe annet. Men før eller senere i veldig store tidsforløp ville det nå en metning og forandring ble ønsket, ofte som en lengsel. Det er veldig mange på jorden som prøver å skape etterligninger av disse energiverdenene. Det er nok mange som har ubevisst hukommelse til livet før livet i fysisk kropp, og den lettheten som er der. Så prøver og feiler vi her og forstår ikke hvorfor ting skal være så vanskelig å få til, siden vi ikke befinner oss i en så lettskapt magisk tankeverden. Alt dette er bare eksempler siden det er så mange muligheter i alle energiverdenene.

Vi gikk så videre til andre eksistensformer uten jordlignende energikropper og jordlignende landskaper. Jeg husker det var åndelige «universiteter» med forskjellig fokus, grupper med sjeler som «mediterte» eller hvilte i en energi sammen. Igjen disse formene av forståelse og væren. Her var alt bare kjærlighet og lys. Her var også høyerestående åndelige former som kunne manifestere seg og vise seg i form etter ønske. De befant seg på et høyere plan. De kunne vise seg i nattlige drømmer eller dagdrømmer for mennesker. For oss ville de bruke en form som ville være gjenkjennelig, eller som ville gi oss det inntrykket som var hensikten. Det kunne være Jesus eller Buddha, andre åndelige mestre eller andre kjente skikkelser, og noen ganger for oss ukjente, som vi ikke ville gjenkjenne før på et senere tidspunkt i livet.

De øverste åndelige mestrene var hele tiden langt utenfor vår vanlige menneskelige identifikasjon med kroppen, personligheten og den materielle virkeligheten. De befant seg på et plan forut for dualitet - der alt blir til. De utstrålte en enorm lysintensitet som var sterkere enn det jeg kunne tåle over tid. I noen sfærer er det mye mer bare store vibrasjonsfelt, og de oppløser lett lavere former for energifelt, og energikropper, og oppløser dem i seg selv. Det er i alle lag mulig å være bare vibrasjonen eller å fokusere energien ved å ha et subjektivt perspektiv.

Dette fordi den dypeste identiteten vår er bevisstheten bakenfor disse feltene og er den delen vi opplever som MEG. jeg er, men uten personlig og eventuelt sjelelig historie. Helt upersonlig, bare JEG ER.

Så JEG ER identiteten er allbevisstheten og hele universets grunnleggende identitet. Når man skreller vekk alle lagene, er det den eneste og siste observatør, men som ren - JEG ER- væren. Den jeg er bevisstheten er alltid der, uansett nivå. For folk som er ekstremt identifisert med egoet og alle rolleidentitetene, kan det være denne delen oppleves som fjern, og den er ihvertfall ubevisst. Det vil i første omgang oppleves som sjelens stemme eller vibrasjon. Men den er grunnleggende fra enhetsbevisstheten som sjelene også er avgrensninger fra.

Derfor blir den bare mer og mer fremtredende jo flere lag som blir forstått eller som blir skrelt vekk. Det er som å pusse diamanten til den skinner i alle fasetter helt klart, som er en mye brukt metafor. Lyset går uforurenset inn og kommer uforurenset ut uten forvrengninger, og man ser at alt henger sammen og er grunnleggende det samme. Regnbuebroen hvor lyset spaltes er en lignende metafor for frekvensdimensjonene. Det er energivesener på alle nivåer og de omslutter energiverdener og fysiske skapelser i hele universet. Noen her fulgte med i jordens utvikling og utvikling i solsystemer og galaksen, og i andre i andre galakser.

Menneskehetens indre ledelse, karmaråd og kosmisk hukommelse

Her er de forskjellige evolusjonsrådene eller karmarådene, som har avdelinger ned til ethvert menneske. Hele universet og alle frekvensene er store hukommelsesbanker, hvor alt har sin plass og sin evolusjon inni evolusjonen, så det er samtidig kreativt. Jorden har sin, solsystemet sitt, større sammenhenger sin, som nevnt over. Deler av dette er hva noen kaller akasha arkivene. Endel herfra inkarnerte aldri fysisk, men fungerte på høyere energiplan og kommuniserte med oversjeler og gruppesjeler som har oppgaver nedover i energihierarkiet. Mange som har med vår del av galaksen å gjøre viste seg og presenterte seg som Rådet av eldre og Det hvite broderskapet (som ikke har noe med den hvite rase å gjøre). Jeg var inne i disse sfærene og ble undervist/påminnet. De formidlet at det var en plan for jordens utvikling, og at det var fra dette nivået religionsstiftere og noen profeter manifesterte seg. Forskjellen på disse bevisste sjelene og vanlige mennesker var åpningen de hadde, også åndelig, i den fysiske inkarnasjonen. De inkarnerte med en høyere bevissthet som ikke ble «lukket ned» så de glemte den åndelige virkeligheten. De forstod mer og hadde større empati. De husket mer hvordan ting egentlig er og skal formidle det til menneskeheten. De ble ikke født for sin egen del for å få oppmerksomhet og å være noe i egoenes verden, men for menneskenes utvikling. Men de var også i en læringsprosess på dypere plan. Dette var de største transformatorene bevissthetsmessig på jorden. Ellers kommuniserte de med personer på jorden gjennom telepati/ energioverføring og kanalisering. De formidlet forsiktighet i henhold til å stole på andre som absolutte åndelige autoriteter. Dette fordi mulige forvrengninger kunne oppstå, på grunn av menneskelig begrensning i kommunikasjonen. Samt at egoet kunne influere og tilrettelegge budskapet subtilt for å tiltrekke seg oppmerksomhet, makt og fordeler. Vanligvis ikke overlagt, men som et slags åndelig ego, til det ble bevisst for personen selv.

Man finner dette typisk i dogmatiske religionssystemer og trossystemer, og organisasjoner med karismatiske ledere. Dette var grunnlaget for viktigheten av å utvikle selvtillit i forhold til å være sin egen autoritet. Egentlig er det ordet litt interessant fordi selvet er egentlig den dypeste åndelige delen, "JEG ER"- bevisstheten, så tillitten til at universets grunnleggende bevissthet og intelligens kommuniserer direkte, ligger innbakt i ordet. Men det er ikke sånn vi er lært opp til å tenke om det. Det er ikke egobasert - jeg vet best- arroganse som endel forveksler det med. Det er et annet nivå der universet eller den indre viten gir seg til kjenne gjennom intuisjonen/ inspirasjonen.

Tenke og kjenne etter selv, på grunn av forfalskninger og misforståtte budskap var viktig. Som tidligere nevnt er det ikke noe absolutt galt og riktig her, mer fokus på hva som fungerer etter en intensjon og støtter livet og evolusjonen, og hva som ikke gjør det, og det er samtidig læringen i å finne ut av det. Det var også neste steg i den kollektive bevissthetsmessige utviklingen. Bibelen, Koranen og andre bøker måtte settes i perspektiv siden mye var forvrengt og hadde blitt maktredskaper.

Fra de høyeste åndelige sfærene beveget jeg meg nedover i

skapelsesrekkene igjen og så hvordan bevisstheten i solsystemet ble transformert eller nedskalert gjennom planeter og sjeler til mennesker med forskjellige egenskapssammensetninger, som vi opplever som medfødte evner. Alt dette hang sammen, og det var sjeler på jorden som kom fra andre planetsystemer og solsystemer, og muligens andre galakser. Når man ikke er fast i en fysisk kropp som fokuspunkt, er forflytning i hva som er for oss store avstander veldig lett, siden man bare kan tenke på noe så er man der.

Det hadde vært og var til enhver tid mange lærere blant menneskene som formidlet kunnskap på forskjellige nivåer ut i fra hva menneskene trengte eller kunne forstå, og hva de selv hadde tilegnet seg. Mange sjeler med spesielle evner til vitenskap, systemtenkning, psykologi, musikk og maling, fysiske konstruksjoner, og åndelig orienterte sjeler var alltid endel av menneskeheten. Det var alltid en pågående prosess mot større bevissthet og nye oppfinnelser. Noen var flinkere utadvendte formidlere enn andre og noen var nerdete einstøinger. Andre blandet kortene, og endte opp med å spre frykt. Ingen mennesker var perfekte og satt inne med alt. Man måtte bare tilegne seg det man kunne bruke - og overse resten. Selv om det kom av egen begrenset forståelse. Ikke noe åndssnobberi. Bygge kunnskap og forståelse stein på stein til alt var klart, eller så mye man hadde planlagt for denne inkarnasjonen. Sånn jeg oppfattet det kunne man forandre litt på dette underveis i livet. Det var veldig forskjellig utifra bevissthetsnivå og da personlig/ sjelelig frihet. Mange skulle lære å bli sine egne selvstendige læremestere ved å gjennomskue illusjoner, og andre ville komme etter og gjøre det samme senere, ved å gå selv-utviklingsveien og ved åndelig integrasjon. Det innebar også å respektere andres synspunkter uten å måtte identifisere seg med dem, siden vi våkner til forskjellig tid og er født med forskjellige bevissthetsnivåer. Budskap til forskjellige tider og i forskjellige områder på jorden måtte også forstås ut ifra den setting de ble presentert i. Vi måtte forstå at mennesket var en ånd i en «skreddersydd kropp», som forandret seg ettersom bevisstheten som fungerer gjennom kroppen gjør det. Kroppen burde tas vare på for å glede seg over livet, og opprettholde funksjonaliteten, som et erfaringsredskap og fremkomst-middel.

En ting som overrasket meg var at alt går ikke nødvendigvis slik vi hadde tenkt før inkarnasjonen. Fordi ting virker mye enklere på den andre siden. De lever ikke i en fysisk virke-lighet med et nervesystem som sender masse impulser, så de har ingen smerte, varme og kulde. De blir heller ikke bom-bardert med følelser og tanker de mange ganger ikke vet hvor kommer fra, eller ikke vil vedkjenne seg. De blir heller ikke fortalt en haug med fryktbaserte forestillinger i en ube-skyttet tilstand, slik som barn er, for å avfinne seg med un-dertrykkende maktstrukturer, og finne sin plass i hierarket. Dette gjør at det virker lettere enn det er å skulle leve et liv på jorden og følge «planen» for livet.

Paradokset her igjen er at det var det vi som mennesker skulle lære, å gjennomskue illusjonene og bli mer bevis-ste skapere gjennom motstanden. Fordi alle er født med en åndelig bevissthet som vil utvikles. «Gud leker gjemsel med seg selv». Åndelig og personlig vekst og frihet ligger nett-opp i gjenoppdagelsen av vår felles overordnede virkelighet. Først glemsel, så gradvis opplysning. I denne prosessen var alle like mye verd. Uteligger eller direktør, vi hadde alle våre oppgaver på mange plan. Kanskje byttet vi plass også innen-for samme liv.

Så igjen, det er nedtransformering av energi, intelligens og visdom fra kosmisk intelligens som uttrykker seg forskjel-lig rundt i universet, så alt kommuniserer med alt ett sted, men har samtidig sine avgrensninger og støtter forskjellige evolusjoner. Alt dette er tilpasset så jorden og andre stjerne-systemer har sine evolusjonsplaner med sine energivesener som sjeler, oversjeler og gruppesjeler. Nesten som kulturer og sivilisasjoner på jorden, men i energiverdenene, og som sagt helt ut i galaksesystemer. Jeg fulgte energi- strukturene organisert i tankeformer som avgrensning helt inn til kjer-nen av bevissthet igjen, hvor tanken ikke kan følge, bakenfor all tenkning, der alt bare ER.

Herfra delte energien seg i to som delte seg i to igjen osv.

nedover i frekvensområdene og skapelsessfærene, hvor den ene var mental/ tanke/ intelligens og den andre energi/ kjærlighet/ følelser. Endel av disse nivåene fungerer på måter som ikke ligner på våre tanker overhodet, fordi noen er bare intensjonsfelt eller vibrerende informasjonsfelt som passive informasjonsbanker. Disse frekvensfeltene flyter hele veien over i hverandre som fargene i regnbuen, så det er både tydelige avgrensninger, men de er også overlappende. I disse energiverdenene var det da sjeler som kunne være i virkelighetsopplevelser de trivdes i og likte seg i som ikke hadde så stor energetisk spennvidde, og det var sjeler som kunne forflytte seg, virket det som, fritt i alle. Endel opererte også bare på de høyeste frekvensene og de kunne ikke komme ned i frekvens, men man kan høyne sine egne frekvenser og få kontakt, eller gjennom mellomledd. Man må ha enslags lavfrekvent energikropp som kan korrespondere med lavere frekvenser, og det har de ikke. De kommuniserer med andre sjeler som viderefører energien videre ned i energifrekvensene, både på intensjon og tanker og i engleverdenene på følelser/ energi. Når jeg var helt utenfor tanke og følelsesoppfattelse og forsvant helt inn i den mest intense væren og bakenfor der igjen, ble jeg kalt tilbake og jeg vet ikke hvordan, men det jeg tror er at siden jeg skulle ta en avgjørelse på enten å gå tilbake til jorden og i kroppen, eller bli i energiverdenene, så ville jeg brenne opp deler av mitt energilegeme, som måtte kunne inntas på nytt i energiverdenene før jeg kom videre tilbake til kroppen. Som å kle på seg forskjellige lag med klær. Jeg fikk ihvertfall veldig sterk impuls på at jeg ikke kunne være der lenger. Jeg fikk bare en «smakebit».

Litt vanskelig å forklare dette, men jeg forflyttet fokuspunkt for essensenergien min i forskjellige frekvenser, og gikk ut av energifelt med informasjon og opplevelsessfærer. Jeg aktiverte opplevelsessfærer på nye nivåer og gikk ut av dem, og ga slipp på de forrige, så forflyttet jeg fokuset igjen og ga slipp osv, helt til alt gikk i oppløsning i ingenting. Ren energi og ren bevissthet før noen som helst form. Det er dette som ikke kan beskrives og som man ikke kan si noe om, fordi man kan bare si hva det ikke er. Det må oppleves. All observasjon opphører og alle følelser opphører, det er etslags nullpunkt. Alt og ingenting på èn gang.

Alt dette bare ER i et evig NÅ, hvor man også kan gå inn i detaljer og skifte fokus imellom opplevelsessfærene av følelser, tanker, fysiske livsformer og den "døde" materien. Gå ut og inn av tiden ettersom man fokuserer til nullpunkte: - allbevisstheten, eller frekvenssfærer. Å bare være og nøytralt observere, eller å identifisere seg med former og oppleve fra formens perspektiv ettersom man fokuserer oppmerksomheten. Å gå ut og inn av identifikasjon, å se ting og å bli ting - og å gjøre begge deler på en gang, fra et erfaringspunkt eller fokuspunkt av ikke-involvering, bevissthetens bakland. Tenke noe, føle det og være det. Her kan man også se det fra personlighetens, sjelens og/eller bevissthetens perspektiv Eller fra totalbevisstheten, ingen tanker og ingen følelser og ingen materie, ingen oppstykking.

Fase 8. Fremtiden: Visjoner for fremtiden og mulige scenarier

Etter at jeg var kalt tilbake fra de høyere frekvensområdenes energiverdener, tok vi opp tråden igjen, i forhold til menneskehetens evolusjon på jorden og den kollektive bevissthetens utvikling. Vi skiftet fokus til nåtid og fremtid som bare var en fortsettelse av tilbakeblikkene på nåtid og fortid, og med de andre «reisene» i bevisstheten som forklarte oppbygningen av universet og alle energidimensjonene, inn til eksistensens absolutte bakland. Det kan forstås som en referanse eller bakgrunnsforståelse for framtidsscenariene.

Det var ingen opplevelse av forvirring nå, som det var på de tidligere stadiene eller fasene. Jeg opplevde ting fra bevisstheten uten dømming og uten personlige preferanser, bare observasjon og sammenhengs- forståelse eller beskrivelse. Når man observerer fra disse nivåene er det ingen opplevelse av at ting «burde» vært annerledes. Det er mer bare helt nøytrale observasjoner, av at ting er som de er, inntil det blir tatt nye valg gjennom metning og forandring, eller destruksjon. I vårt perspektiv, til fremskritt og større integrering eller destruksjon. Begge disse tingene pågår uansett hele tiden. Det er den kosmiske dansen av forandring. Fra enhetsbevissthetens perspektiv er det bare det evige liv som flukturerer.

Nye verdier og nye perspektiver

Jeg fikk se og vite at det ville komme en tid på jorden hvor «Den man var som menneske» ville få større betydning. Verdigrunnlagene vi orienterte livene våre etter ville forandres. Vi ville lære å se bakenfor alle maskene, rollene, posisjonene og alle fascinasjonene vi liker å identifisere oss med. Egoet og personlighetens identifikasjoner og storhetsønsker, begjær og mindreverdighetsfølelser ville bli gjennomskuet av flere og flere, og vi ville alle få opplevelser som

68

konfronterte oss med det. Noen ville lære fort og noen ville ikke, gjennom hele dette livet. Flere ville forstå og erkjenne at sjelen eksisterer, og noen ville bare anta det som det mest logiske at vi har en eksistens utover kroppen. Det ville også komme flere og flere tilfeller og historier om nær-døden-opplevelser og andre opplevelser, pluss spredning av litteratur, som fortalte at vi eksisterer utover kroppen. (Jeg hadde ingen kunnskap om at det fantes NDOer på dette tidspunktet, og at det jeg opplevde var det.)

Vi observerte bare mulige hendelsesforløp. Fra bevissthetens eller sjelsidentiteten er det ikke noe spørsmål om dette, fordi det er like selvfølgelig som at en som styrer marionettedukker opererer dukken, har laget dukken og bestemmer hvor den er. Dukken har ikke noe liv og uavhengig eksistens og er en konstruksjon. Jeg har nevnt dette tidligere også, hvordan både kroppen, følelsene og tankene delvis er kulturelt bestemt, delvis både miljømessig og biologisk, og endel som vi har med oss som sjelens fokus i dette livet. Det er grunnleggende egenskaper vi har med oss inn i livet, men hvor alt dette henger sammen, og skaper det individuelle livsløpet.

Dette er en selvfølge fra der vi observerte. Vi kikket på mange mekanismer som gjorde at vi mennesker ikke oppfattet det sånn, og hvor mye problemer vi skaper med denne feiloppfatningen av hva vi som mennesker er, og hele virkelighetsoppfatningen vår. Men vi så nå i et fremtidsperspektiv og på løsningene og veiene videre.

Livet er en erfaringsreise hvor utviklingen skjer gjennom utvidet forståelse, empati og friksjon

Og igjen, det hele er endel av utviklingen hvor bevisstheten skaper fysiske kropper som kan oppfatte mer og bli mer sensitive i et utviklingsforløp. Vi var som menneskehet i en kritisk fase nesten som ungdommer, som er litt ukontrollerbare og kjepphøye på seg selv. De kan gjøre mye, men forstår ikke konsekvenser, og må ofte lære gjennom prøving og

69

feiling. Menneskeheten var på forskjellige nivåer her og med mye individuelle forskjeller selvfølgelig.

Endel som var inkarnert visste dette godt, og de visste også at det ikke nyttet å snakke til folk, for de var ikke interessert i å høre. Akkurat som ungdommer avviser foreldrene, og eventuelt går i opposisjon. Livet må lære en eller kriser tvinger en. Læremestrene er her av kjærlighet til mennesker og skapelsen og holder ting ut nettopp derfor. Det er deres oppgave her og deres rolle i evolusjonen.

Det blir endel gjentagelser fordi vi gikk tilbake til samme temaer på forskjellige nivåer og i forskjellige sammenhenger, og dette med at løsningene finnes ikke på samme bevissthetsnivå som har skapt problemene. Man måtte høste erfaringene derfra og tenke ut noe bedre, og ikke bare sirkulere informasjon. Mer av det samme om at når metningspunkter er nådd, førte mer av det samme ikke noe sted, annet enn mot destruksjon og oppløsning. Men mange nok måtte komme til de konklusjonene ved å få oppleve konsekvensene. Først da var det kollektivt stor nok forandringsvilje. Det var ikke muligheter for å ta snarveier, fordi vi måtte innhente det vi hadde prøvd å hoppe over. Litt som hvis man skulker på skolen og hopper over pensum, så kommer man videre, men ting stopper opp, fordi man har ikke lært seg det grunnleggende som resten bygger på. Så må man gå tilbake og sette seg inn i det i etterkant. Det fungerer jo det også, men poenget er at man slipper ikke unna.

Livet og evolusjonen er en erfaringsreise mot mer komplekse sammensetninger, forståelse, tilpasning og nedbrytning, med friksjon mellom viljer, tanker, følelser og materie som driver evolusjonen frem. Ble friksjonen for stor så kollapset ting, og ble den for liten så stagnerte ting. Det ser vi hos mennesker som er konservative og progressive, noen vil ha alt som det er eller syns alt var bedre før, og noen ser masse muligheter i forandringer og fremtid. Vi så på de som gikk foran - pionerene, og den store mellommassen, og de som helst ikke ville ha forandring og hang etter. Igjen ingen dømming, bare observasjon av hvordan ting er.

Alle og alt er perfekt som det er, men i utvikling. Det perfekte i det uperfekte

Identifikasjonen med denne begrensede identiteten personlighet/ kropp var et stort problem fordi ethvert menneske er perfekt i seg selv, samtidig som det er i kontinuerlig forandring, både fysisk, følelsesmessig og tankemessig. Derfor perfekt og uperfekt på samme tid og uferdig til enhver tid, siden alt alltid er i forandring. Alle er her i en begrenset tidsperiode av utviklingen og i en spesifikk tid av jordklodens utvikling, så alt er som det er av mange grunner utenfor enkeltindividers kontroll. Ethvert enkeltindivid er endel av jordklodens kollektive bevissthet og uttrykker en bit av den, pluss universell bevissthet, uansett om de er dagsbevisst klar over det eller ikke.

Små og store "døder" og psykologiske "døder"

Mennesket dør eller vokser ut av utgaver av seg selv og forandrer seg litt, og noen ganger mye, veldig fort. Alt dette kan ses på som små psykologiske døder, hvor f.eks. kriset kan skape store forandringer fort, eller uten kriser gjennom nye innsikter gradvis.

Den fysiske døden er den største uoversiktlige forandringen, og mange er redd for den, men vi dør og fødes egentlig litt hele tiden. På grunn av massespredning av kunnskap ville mange mennesker forstå dette bedre og starte å leve mer ut ifra tillit til livet med mer livsglede, og ikke være så redde for døden og mangel på kontroll at de beskyttet seg og var så redde at de endte opp med livsangst.

71

Eksistensiell angst

Men dette kom igjen an på utviklingen fordi mange ville få angst, depresjoner, og føle livet var uutholdelig eller meningsløst, på grunn av disse kollektive tvangstrøyene og forventninger til å passe inn, være suksessfull og alltid under press for å ha mer materielt og bli noe, og på grunn av elendige matvalg og sa videre. Alt dette forsterker hverandre negativt. Det sterke fokuset på at du er din egen lykkes smed, skapte også mange tapere fordi alle kan ikke være vinnere, så det er en håpløs psykologisk modell. Ikke noe galt i konkurranse i seg selv, men når hele livet blir konkurranse på premisser få kan bli vinnere i, så blir det galt i den forstand at det er håpløst å ha som mål. Å være vinner i egoets verden og virkelighetsoppfatning er ikke mulig for alle, men alle kan være vinnere i å være seg selv og uttrykke sitt medfødte potensiale og bruke sine egenskaper, og noen vil da naturlig også bli best på forskjellige områder. Igjen så ligger løsningen i å forstå mennesket som noe mer enn en biologisk maskin blandet sammen med at den sterkeste, flinkeste, peneste og rikeste har mest verdi. Ethvert menneske er verdifullt i seg selv og er et uttrykk for det guddommelige. Med en utvidet forståelse av seg selv ville det eksistensielle overlevelsesproblemet forstås og kunne håndteres, både i forhold til å være god nok for seg selv og for andre eller for Gud. Redselen for døden eller for å bli gal, som er de to grunnleggende eksistensielle fryktene, ville også håndteres annerledes.

Transpersonlig og åndelig psykologi

Det var utviklet, og det ble utviklet nye psykologiske systemer som ville bli vanligere i fremtiden. Det hele var deler av en naturlig konsekvens av utviklingen, siden flere mennesker forstod at mennesket har en sjelelig dimensjon, og at den er mulig å forstå, akkurat som den personlige historien kan forstås. Det ville bli utviklet nye metoder for å forstå mer av det. Dette ville tvinge seg frem fordi mange personlige problemer og samfunnsproblemer ikke kunne løses med tilnærmingen fra personlighetspsykologien, fordi den ikke har åpninger til transpersonlige dimensjoner i teorigrunnlaget og virkelighetsbeskrivelsen. Det ville også bli ryddet i endel religiøs overtro å få plassert ting mer riktig. Når vi så på dette, var det mer som om det ble færre blokkeringer i de grovere energilagene sånn at mer av den bakenforliggende bevissthetsstrømmen kom mer uhindret igjennom. Det resulterte i at utvidet sansning også ville bli mer vanlig, og da måtte det få konsekvenser for både virkelighetsyn og menneskesyn med påfølgende teorier.

Gjennomskue begrensende konfliktskapende kollektive virkelighetskonstruksjoner

Ettersom de negative konsekvensene eskalerte, ville det samtidig bli gitt muligheter for bedre alternativer, og flere ville bevege seg ut av den kollektive komfortsonen, igjen enten frivillig av nysgjerrighet og nødvendighet eller gjennom personlige kriser. Jeg kommer litt innpå dette i forskjellige scenarier for menneskeheten senere, siden de scenariene gikk over i hverandre, med mange faktorer involvert.

Nye verdier og nytt verdensbilde og menneskesyn

Hele mennesket og livet skulle ha større plass. Følelser som en del av hele mennesket ville ta tilbake sin plass, der materialismen og det mekanistiske og biologiske verdensbildet hvor tankene, logikken og det målbare hadde tatt overhånd, ville sprekke. Mange hadde utviklet individualitet, personlig identitet og personlig selvstendighet, og nå måtte denne individualiteten tilpasses større helheter og samarbeid i større sammenhenger.

Det var veldig vanskelig uten at mange forstod at de var sjel eller ånd i en fysisk kropp. Noen ville fortsette å ha et humanistisk livssyn og forstå det mer praktisk, men flertallet som hadde styrt utviklingen etter det mekanistiske verdensbildet ville bli i mindretall og miste makt. Også fordi forskning ville vise at teoriene måtte utvides. Dette pågikk hele tiden og var også ulikt kloden rundt. Men jeg så mye fra Vestens utgangspunkt og så videre til andre samfunn. Vi hadde utviklet oss veldig i selvstendig retning med mye fokus på det individuelle, materielle og kroppens trygghet, og hadde glemt at vi grunnleggende er åndelige vesener. Andre steder på jorden var det nesten motsatt, og mange av dem hadde ikke motivasjonen til å skape forandringer og undervurderte den praktiske virkeligheten, så de forbedret ikke livsvilkårene sine. Vi måtte lære av hverandre og ta det beste fra alle kulturer og kontinenter, og bli ansvarlige globalt. Dette her er bare eksempler, for det er mange flere faktorer som gruppeidentiteter og forskjellige samfunnsstrukturer, klimaforhold, overlevelse og nødvendig innsats for å finne eller produsere mat i forskjellige klimasoner.. Det var mye vi kjenner fra historien som slavetider, kolonialisering, sykdommer og så videre., som hadde ført oss dit vi var idag.

Menneskeheten som jordens kollektive bevissthet og intelligensfelt

Men de store hovedtrekkene var at vi kom fra forskjellige utgangspunkt og måtte lære oss å leve sammen og tenke globalt, og at sivilisasjonen ville gå igjennom store positive forandringer, eller utrydde seg selv i verste fall, fra et perspektiv som menneske. Vi var på en måte jordens bevissthet med muligheter for å gjenkjenne oss selv som medskapere, og nedskaleringer av allbevisstheten. Den globale intelligensen dannet nye felt og frekvenslag med mer informasjon, og hvor høyere intelligens kunne manifestere seg. På sikt ville vi lettvint kommunisere globalt og samstemme aktivitet og ressursbruk, hvis vi klarte å overkomme egoismen tilstrekkelig. Vi ville også ha en global økonomi som var globalt tilpasset, hvor alt ble balansert hele tiden på alle nivåer, og i forhold til hva kloden tålte.

Økologisk økonomi, kretsløpsøkonomi, sirkulasjonsøkonomi og ressursorientert økonomi

På sikt ville det bli innført en økonomisk modell som ville ha forskjellige måter å fungere på kloden rundt etter behov. Men det grunnleggende var en tilpasning til klodens tålegrenser angående hva menneskeheten kunne tillate seg. Hvis ikke ødela vi alt for mye med vår egoisme. Hvis vi ikke klarte å stoppe de menneskene med økonomiske interesser som hovedfokus, som hadde makt til å styre regjeringer, og som stoppet mye fordi det ikke var i deres interesse, og som drev med masse misvisende informasjon og direkte manipulering av fakta, kunne vi ødelegge det biologiske mangfoldet, og utrydde oss selv som resultat. Menneskehetens «rovdyr» måtte settes grenser for siden de ikke stoppet seg selv. På sikt ville det også komme enslags global «grunnlønn», eller økonomisk og materiell grunntrygghet, hvor alle menneskers grunnleggende behov ble ivaretatt. Mer velferd fremfor profitt.

Gjennomskuing av personlige og kollektive offerroller og overgripermønstre

Menneskeheten var i en overgangsfase hvor kulturer og økonomier vokste sammen, og noen hadde benyttet seg av dette til å få stor makt og tjene mye penger på andres bekostning. Derfor måtte nye mer globalt ansvarlige økonomiske modeller oppstå og innføres. Mange mennesker havnet i situasjoner eller ble født inn i dem, uten å ha makt over eget liv. De var nærmest talt økonomiske slaver, og noen var direkte slaver. Hele vår vestlige kultur var indoktrinert, og vi misbrukte mennesker i andre verdensdeler til å skape egne fordeler.

75

Mange vanlige mennesker her forstod det ikke og fortsatte å stemme på folk som opprettholdt denne strukturen. De aller fleste var rett og slett uvitende om hva som foregikk, og de som visste hadde interesse av at folk ikke visste, for det var deres maktgrunnlag. Endel som prøvde å avsløre dette ble fengslet eller drept eller stoppet på andre måter, og kriger hadde vært og ville komme.

Menneskene ville finne på mange mentale tilsynelatende nyttige påfunn, uten respekt for naturens oppbygning og toleranse, forårsaket av arroganse, maktsyke og dødsangst. Det ville oppstå problemer og katastrofer på grunn av ubevisste menneskelige aktivitet. På grunn av menneskelig forsøpling av både fysisk miljø, tenkning og følelser, ville bevissthet om hva som skjer være en hjelp for å motvirke konsekvensene. Personlig i første omgang, og for å danne strukturer for å påvirke det kollektive og globale positivt i andre omgang. Hvor ille dette ville bli, avhang av hvor langt vi kollektivt ville gå. Og hvor mange mennesker som våknet på hvilke tidspunkt. Dette handlet mye om personlige valg som å spise ikke-forurenset mat og få i seg nok næringsstoffer, få nok mosjon, velge å bo i rene omgivelser for å holde seg og eventuelt familien frisk. Det kunne også være å finne jobber som hjalp utviklingen fremover og ikke opprettholde skadelig systemtenkning og bedrifter som forurenset. Vi er tross alt store deler av livet på jobb. Så hva bruker vi tiden på?

Jeg går ikke inn i detaljer om dette, men alt misbruk av mennesker i slavelignende arbeidsforhold, løgn og manipulasjon, begjær og instinkter på avveier som medførte overforbruk, seksualmisbruk og mye annet var deler av det vi måtte rydde opp i.

Om å velge å ikke vite som en psykologisk forsvarsmekanisme

Veldig mange levde liv hvor de helst ikke stilte spørsmål, eller de sluttet med det og snudde seg en annen vei, fordi hvis de skulle leve etter det, måtte de forandre på så mye at de ble nesten psykologisk paralysert. De prøvde å ikke tenke og ble mentalt apatiske som en forsvarsmekanisme. Mye av dette skjedde gradvis og ubevisst, så endel mennesker var forholdsvis lette å påvirke i positiv retning, ved å vise dem andre muligheter og ved lett tilgjengelig informasjon.

Forståelsen av overgriper/offerroller og å identifisere seg med dem

Mange kunne også hjelpes ut av offerroller de hadde identifisert seg med, så vi kikket på hvordan endel endte opp med det som kalles Stockholmsyndromet, hvor man begynner å forsvare overgriperne, og hvordan noen trossystemer vil si det er deres skjebne og karma.

Apati, håpløshet og traumer kunne motvirkes hvis folk fikk håp og ikke følte de var alene. Vi kikket på hvordan offerroller og overgriperstrukturer er avhengige av hverandre for å eksistere. Jeg husker ikke om dette var et typisk trekk i en fase i et skapelsesforløp hvor den utadgående dominante energien pleide å ende i overgrepssituasjoner, eller om det var en ubalanse som hadde oppstått i vår del av galaksesystemet. Det kan være et overgangsproblem i individualiseringsprosessen, hvor ubevisste egoer er dominante og identifisert med seg selv, før man forstår man er en avgrensning av bevissthet/sjel som må tilpasse seg helheten i den evolusjonen som pågår. Fordi det var andre steder hvor disse energiene var mer balansert, men de kan ha vært foran oss i et evolusjonsforløp, hvor de problemene vi har er overvunnet for lenge siden. På jorden misbrukes kvinner og barn, og den økonomiske modellen misbruker alt fra dyr, til mennesker, til naturens ressurser og miljø og klima og forurenser atmosfæren som helhet. Så ubalansen er stor og gjennomgripende. Men i teorien lett å rette opp. Det er den samme overgrepsenergien som dypest sett forårsaker alt sammen, men den blir på jorden utført av mennesker.

77

Kvinnefrigjøring, seksualitet og sølibat for spirituelle/ religiøse

Vi var innom hvordan kvinner blir kvinners verste fiender som for eksempel ved å opprettholde omskjæring, og hvordan menn har veldig mange fordeler på verdensbasis som gjør at kvinnefrigjøringen måtte komme fra kvinner. Videre at kvinnene ville bli mer maskuline og tankestyrte, og det var impulser som kom fra karmarådet for menneskeheten, som har med den kollektive utviklingen på jorden og den bevissthetsmessige utviklingen å gjøre. Det var visst gjort forsøk på å korrigere dette tidligere også, men menn hadde klart å vri det også over på kvinnene. Seksuell selvdisiplin var egentlig ment for menn, men som menn tredde ned over hodet på kvinnene i stedet. En måte var at kvinnene skulle bære familiens «ære».

Noen av disse tingene hadde også oppstått, som ekteskapet, for å ivareta barn og for å vite hvem foreldrene var. En ansvarliggjøring av seksuelle konsekvenser. Det var krevende å oppdra barn mange steder, og å få nok mat, så endel var av praktiske hensyn, og andre alliansebygging mellom familier og herskere. Etter at prevensjonen kom for kvinner så har mye forandret seg. Det gjør at konsekvenser rundt seksualitet ikke er så alvorlig for kvinner som det var, og kan ikke brukes som maktmiddel for fysisk sterkere menn på samme måte som tidligere. Seksualitet er endel av den kreative strømmen fra skapelseskreftene som gjennom fysisk tiltrekning sikrer videre kropper som sjelene kan leve gjennom, og som knytter folk sammen energetisk. Det ville bli mange forandringer her.

Sølibat i endel tradisjoner var også en forvrengning som gjorde kvinner farlige for menn og motsatt. Grunnlaget for sølibatet var for spirituelle, nonner og munker, som ikke ville bruke så mye tid på det praktiske livet, og barn. De skulle leve livet i hengivenhet til Gud og Sannheten og studier for «å huske» at vi er åndelige vesener og sjeler, og holde kunnskapen vedlike gjennom å holde kanalene til det bakenforliggende bevissthetsfeltet og den åndelige dimensjon åpne. Alle seremonier og hva som er kalt ofringer er hjelpemidler til det. For å vedlikeholde, levendegjøre og bekrefte tradisjonene i tid. Ofringer er egentlig et veldig dårlig ord å oversette det med, siden det er egentlig mer «huske-teknikker» og kommunikasjonsteknikker til veiledning fra de indre åndelige energilinjene. Og til å overgi kontroller over livet til det guddommelige, ved å anerkjenne og akseptere at egoet aldri har vært i kontroll uansett, og til å be om forskjellig veiledning og hjelp. Når alminneliggjøringen av den åndelige dimensjonen kom lenger, ville også endel av de tidligere grensene mellom å leve et verdslig liv og et åndelig fokusert liv trappes ned. Det ville bli lettere å veksle litt eller å gjøre begge deler samtidig.

Mot mer androgyne mennesker

Vi ville bevege oss mot mer balanserte og androgyne mennesker, hvor kvinner ville bli mer styrt av prinsipper og tanker og ta kontroll over eget liv. Og hvor menn ville bli mer følelsesorientert og slippe endel ansvar som forsørgere og forsvarere, slippe endel kontroll osv. Menn måtte finne nye måter å være menn på. Vi sto oppi veldig store forandringer og det ville bli endel problemer, fordi disse rollemønstrene som globalt skulle justeres var veldig forankret, men de tilhørte tidligere sosiale sivilisasjonsformer. Vi ville danne kollektive omsorgssystemer så folk ikke var så familiært avhengige av hverandre. Foreldre ville også bli barns koordinatorer angående oppdragelsen og oppveksten etter hvert, og ikke være enerådende i deres hverdag på samme måter. Men de ville fremdeles være hovedomsorgspersoner følelsesmessig, gjennom gjensidig tilknytning.

Mønsterbrytere viser vei så andre kan følge etter

Mange orket ikke belastningen med å være mønsterbrytere og mange hadde ikke egenskaper til det, men de fulgte etter hvis andre gjorde det. Det er lettest å velge minste motstands vei, å følge normer og prøve å bli likt, så vi så på hvordan mange ender med å gjøre det. Ved å gå nye veier, å stille spørsmål ved det etablerte, måtte man tåle motstand og bli mislikt. Ingen kunne gjøre alle til lags uansett, så det var et håpløst prosjekt man måtte forstå. Endel forandringer ville derfor kreve endel mennesker som kunne stå i seg selv med en dypere erkjennelse, og ikke være redde for å skille seg ut. Flere ville finne sammen etter hvert så ting ble lettere. Etter hvert ville de bli normen og danne nye samfunnsformer og revurdere de gamle.

Psykologiske fluktmekanismer og overlevelsesmetoder, og selvmedisinering. Massemedia og legemiddelindustri.

Siden mange ikke orket for mye sånn tenkning valgte endel både bevisst og ubevisst å bruke mye tid på «tidsfordriv». Folk så på TV og masse filmatiserte romaner og såpeoperaer, fotballkamper, Se og Hør og mye sladder.. Mye brukte avledningsmekanismer og mange måter å distansere seg fra den daglige virkeligheten til på.

Siden det var mye manipulasjon av informasjon var det vanskelig å vite hva man skulle tro og mene.

I overgangen til mere global bevissthet og ansvarsfølelse trengte mange tid til tilpassning, og til å fordøye ny kunnskap og justere verdiene og valgene sine.

Det gjorde at mange trengte pauser fordi ting forandret seg fort.

Det er litt vanskelig å skrive om dette siden det ville foregå over mange generasjoner, som mye annet jeg har prøvd å skrive litt om.

Så vi var innom globale store selskaper, massemedia, legemiddelindustrien og naturmedisinen. Hvordan store påvirkere og profittører manipulerte og konkurrerte om innflytelse og markedsandeler, og hvordan virkelighetsoppfatninger og menneskesyn styrte endel beslutninger. Det gjorde at mange trodde på det de gjorde selv om det egentlig var skadelig. Eller de satt fast i et system.

Vi var innom offentlig medisinering og metoder som er lovlig og administrert av leger, og av ulovlige metoder som ofte er selvmedisinering og under narkotikalovgivningen. Naturmedisinen som ofte er fokusert mot helse og forebygging og årsaksorientert med et utvidet menneskesyn, og den sykdomsfokuserte og symptomorienterte skolemedisinen som har mye makt.

Og jeg så hvordan en del av dette var kultur og normbestemt jorden rundt.

Det som er lovlig og akseptert i èn verdensdel er ulovlig et annet sted, og ikke regulert etter hvor skadelig det er..

Vi kikket på etterspørsel og tilbudsmekanismene. Alt det de som tjener penger på at folk ikke orker tenke pumper oss fulle med. Samtidig som de leverer det folk velger mest og vil ha. Men det var en vanskelig tid for menneskeheten, så mange trengte pauser, og det holdt også endel opptatt med rent tidsfordriv, mens andre tenkte ut og prøvde ut nye systemer. Så det var ikke noe galt i det heller, bare at det motvirket at folk tenkte selv. Som sagt, dualiteten eller tosidigheten følger hele veien.

Vi var innom psykologiske forsvarsmekanismer på mange områder. Pauseknapper er en ting, men som normaltilstand og som daglig overlevelsesmekanisme, blir det destruktivt Vi var innom avhengighet på alle plan, som unnslippelsesmekanismer både fysisk, følelsesmessig og mentalt, og som kortvarig lykkesøken, mat, sex, gambling, sladder og rus og så videre.

Og vi så på overlevelsesmekanismer i vanskelige livssituasjoner som selvmedisinering eller som psykologisk fristed. Her også var legemiddelindustrien endel av problemet og den biologisk robotmodellen de prøvde å styre menneskenes biologiske systemer på. Mye depresjon og angst prøver å fortelle oss noe og piller løser ikke problemet, men det er det vi blir møtt med i det etablerte helsevesenet i Vesten. Mange aktører her trodde på dette som løsninger selv, så vi fulgte energilinjene og hvordan dette hadde utviklet seg, og til de som prøvde å kontrollere menneskers sinn gjennom kjemi, samtidig som menneskesynet og virkelighetsoppfatningen det samsvarer med oppfordrer til å løse problemer på den biokjemiske måten. Noen var ikke interessert i naturmedisin for det kunne de ikke tjene penger på.

Så var vi innom det motsatte, igjen med massespredning av dokumentarer, naturprogrammer, diskusjonsprogrammer, nyheter, vitenskapsprogrammer osv., som bevisstgjorde folk fort, og hvor kunnskap ble spredt fort på lett tilgjengelige måter. Alt er dobbelt og kan brukes positivt eller negativt. Denne positive og negative effekten av alt i dualitetens verden var vi innom jevnlig, fordi de hele tiden henger sammen energetisk og oppstår gjerne samtidig. Årsak - virkning, hvor virkningen blir ny årsak, som skaper nye virkninger igjen. Negative og positive spiraler individuelt og kollektivt. På sikt ville det bli en enorm informasjons- og kunnskapsutveksling, så mye ville bli allmenn kunnskap også her.

Fra instinktstyrt impulsadferd og personlig egoisme til åndelig bevisste mennesker

Vi kikket på hvordan instinkter, sosial posisjonering, mental latskap, ansvarsfraskrivelse og jakten på kortvarige lykkeopplevelser og bekreftelser opptok mesteparten av tiden til de fleste. Her kikket vi også på deler av dyrebevisstheten og det man vil kalle det åndelig bevisste mennesket vi er på vei mot, og overgangene her. Psykologisk var det viktig å forstå hva som foregikk for å ikke bli deprimert og full av frykt. Det ville hjelpe for å skille mellom hva som ville havne på historiens skraphaug og hva som ville være fremtidige løsninger eller veivalg. Når mange nok mennesker på jorden hadde nådd et visst utmattelsesnivå av ting som ikke fungerer, åpnet endel opp for et annet bevissthetsnivå, og da ville forandringer gå fort på grunn av energetiske resonanser, spredning og alminneliggjøring av åndelige budskap og psykologisk forståelse. Konsekvenser på forskjellige områder ville også synliggjøres.

Kunnskapen om hvordan mange ting fungerer og ubeviste mekanismer i mennesker ville bli eksponert, så det som før hadde vært kunnskap for noen, skulle bli allment og lett tilgjengelig. Vi så mye på disse overgangsfasene fordi det ville være mye friksjon mellom individuelle og kollektive tankesystemer inkludert religioner, naturvitenskapelige virkelighetsforståelser, menneskesyn, psykologi, psykiatri, naturmedisin/ alternativmedisin og farmasøytisk medisin, og nye muligheter som genteknologi, fornybare energiløsninger generelt, naturvern og økonomisk rovdrift osv. Mye ville bli forandret og nye psykologiske forståelser som transpersonlig psykologi ville komme, og mange nye muligheter for å utrydde sykdommer blant annet med genteknologi og energiterapier før fysisk sykdom oppstod.

Tredje verdenskrig ville være på idè og mentalplanet

Slik jeg oppfattet det og så det, ville den tredje verdenskrig være på mentalplanet imellom virkelighetsoppfatninger og egoistisk motiverte systemer og mennesker, og ikke bli fysisk. Men det ville være mange mindre kriger, økonomiske ressurskriger og religiøse konflikter, men hvor religion også ofte ble brukt for å legitimere kriger som egentlig handlet om helt andre ting - som vanlig i historiens fremadskridende prosess. Men det ville etter hvert oftere bli gjennomskuet, siden verdens trossystemer ville møtes mer og mer, og vi ville kommunisere globalt, så forskjeller og likheter ville bli åpenbare, og hvilke dogmer som rett og slett var destruktive. Det ville derfor bli vanskeligere å ha skjulte agendaer. Men underveis i dette ville det bli mye friksjon, og noen ville prøve å få økonomisk kontroll over hele verden. Det måtte stoppes og de måtte bli stoppet, fordi de ville ikke stoppe seg selv. Det var de samme kreftene som ødela økosystemer, opprettholdt fattigdom, og som i realiteten hadde mennesker som slaver, men med økonomi som redskap. Mange var med på dette uten å forstå, eller de følte de ikke hadde noe valg. Sistnevnte var også veldig villige til forandringer med andre grunnleggende verdier. De egoistiske selvsentrerte personene, verdiene og tankesystemene de representerte, slik jeg så det, var også manifestasjoner av kosmiske frekvenser som egentlig tilhørte lavere frekvensområder, og endel av de sammentrekkende kreftene i universet som måtte slippes for at utviklingen kunne komme videre. De var på en måte etterlatenskaper eller litt fastlåste etterslep etter tidligere utviklingstrinn som også skaper personlig ego og personlig identitet (individualiseringsprosessen), gruppeegoer og organisering. Men de var destruktive når vi måtte ha en større global forståelse og integrere alle nivåene for å skape en funksjonell sivilisasjon for alle. Jeg så at noen ville bli fratatt makt og noen ville forandre seg, og noen lot som de gjorde det. Det ville ikke bli mulig etter hvert å skjule agendaene sine, for det ville bli etablert systemer hvor de svakeste og fattige ville få støtte. Nye verdigrunnlag ville bli innført som rettesnor, og rene utbyttingssystemer og misbrukssystemer ville bli avslørt. Men som jeg prøver å skissere senere, kom det an på hvilke valg menneskeheten tok, og på hvilke tidspunkt. Vi kunne i teorien utrydde oss selv, og vi kunne fortsette den destruktive linjen til nesten utryddelse.

Akkurat som noen små barn må lære seg å dele fordi de vil ha alt selv, så må disse rett og slett bare fratas makt, eller lære seg å dele. Litt enkelt sagt. Så tredje verdenskrig ville foregå på mentalplanet mellom personlige egoer og kulturelle gruppeegoer, rigide religiøse systemer og forståelser, de rikeste med styring over de internasjonale multinasjonale selskapene, og de som forstod at vi må samarbeide globalt til beste for alle. Her var det ideelle mest mulig lokal forankring og eierskap, men samtidig overordnet styring og utveksling med globale koordineringer. Enhet i mangfoldighet.

84

Oppsummering og fem scenarier

Mange ville få problemer med følelsene, tankene, livsenergien og den konkrete fysiske kroppen. De ville bli usikre i forhold til etablerte verdier og livet generelt, fordi gamle mestringsstrategier ikke ville være funksjonelle lenger. Alt hang sammen. Siden menneskene skulle gjennom en forandringsprosess ville det trengs mange som renset ut gammel bagasje mentalt og emosjonelt, for i andre omgang å hjelpe andre. Global empati måtte utvikles og det var noe av det som menes med Kristus tilbakekomst, som ofte var misforstått. Den energien eller kjærlighetsenergien mange forbinder med Kristus skulle integreres i alle for å skape en fredelig global sivilisasjon.

Det ville bli en større splitt mellom dem som forsto og handlet deretter, og dem som ikke ville forstå, eller ikke ville forandre seg. Identifikasjon med kropp, personlighet og ego måtte løsnes kollektivt, fordi det fikk folk til å klamre seg til gamle utgåtte løsninger, både personlig, kollektivt, kulturelt og religiøst. Det ville måtte bli noen oppgjør. Deretter skulle menneskene bli gladere og friere. Den indre og ytre virkeligheten skulle harmoniseres igjen. Vi ville alle få mange valg, og måtte ta konsekvensen av dem.

Jeg så en del ting som ble blokkert for meg i etterkant av både personlig og kollektiv utvikling. Jeg tror det var fordi det ville gjøre livet mitt umulig her nede når jeg returnerte til kroppen.

Det var en sekvens her hvor jeg ble vist forskjellige scenarier for fremtiden. Det var som en graf, men med filmer av mulige utviklinger, og jeg har ingen brukbare tidsperspektiver på det. Noen av dem var kortvarige og flere kan ha vært over flere hundre og tusenvis av år, særlig de siste. Dette var i 1983 som sagt, når jeg skriver dette er det påsken 2020. Mye av dette jeg så har skjedd i mellomtiden, og mye holder på å skje. Det er rart å sitte og huske tilbake og skrive så riktig som mulig om de overleveringene jeg fikk da, og samtidig vite hvordan ting er nå, så mange år etter. Jeg skriver slik jeg så det den gang, men bruker noen ord vi har på ting nå.

Hovedproblemet var menneskenes egoisme og økonomiske systemer og noen få mennesker som satt på alt for mye styring, og folk lot dem holde på. Alt for mange forstod ikke ordentlig hva som foregikk, og lot seg lure og indoktrinere. Det ville bli kriser etter kriser på forskjellige plan. Mange nye sykdommer, miljøkriser pga. forurensing og overforbruk, og klimaproblemer som vi både måtte prøve å stoppe, og endel vi ville måtte tilpasse oss. Store deler av jorden kunne bli ubeboelig og andre deler mer beboelig, men endel ting kunne repareres hvis vi forstod ting og handlet tidsnok. Vi hadde kunnskapen og vi ville finne ut mer etterhvert, men på grunn av treghet og behageligheten i å late som ting ikke eksisterte, og personlig ubehag, så reagerte ikke folk. Det var endel rundt alle disse mekanismene her som var forskjellige jorden rundt, og hvor kunnskapsnivået og handlingsevne blant befolkninger var veldig ulikt. Men det var nødvendig at mange nok våknet opp og forlangte forandringer, siden den kollektive bevisstheten er styrene for ledere vi velger.

1. Utslettelse

Det ene scenariet var at vi endte med å utslette oss selv fordi vi ødela vårt eget livsgrunnlag så biologien kollapset og forurensingen tok overhånd. Her ble jeg fortalt at mye var satt inn på at det ikke skulle ende sånn. Vi hadde visst gjort det før. Ikke vet jeg om det var her på planeten eller en annen planet i en annen evolusjon. Da ville planeten bygge opp nye biologiske systemer.

2. Global destruksjon og kaos

Vi ville ikke utslette oss selv, men det ville bli få igjen, og det ville være temmelig ulevelig. Litt som apokalypsefilmene, med masse slåssing om få ressurser og desperate, ofte syke mennesker, og en natur helt på kanten. Hvor alt vi kjenner av systemer kollapser og folk ikke har selvbergingskunnskap, teknologiske løsninger faller sammen og ingen kan fikse dem., og hvor store landområder er helt ubrukelige Jeg husker ikke fortsettelsen her, om man måtte starte nesten på nytt som i steinalderen, eller om de klarte å gå mot Scenarie3 igjen over tid. Noen steder på jorden er det jo sånn allerede på grunn av forurensing og kriger, men det er ikke globalt som i dette scenariet her. Det ville ikke være ressurser til å håndtere værproblemer og naturkatastrofer, så det ville bli kaos.

3 og 4. Et slags mellomnivå

Vi ville ødelegge deler av planetens områder, men klarte å få stoppet de mest grunnleggende ødeleggelsene av den globale biologien, slik at det var mulig å gjenopprette mye igjen. Endel områder ville bli ødelagt, men tilstrekkelig mange områder ville være så lite berørt at de bygde seg greit opp igjen, med litt hjelp. Vi ville få store problemer med værforandringer som vi måtte tilpasse oss, men vi ville bli flinkere til å forstå tidsnok hvordan endel ting fungerte, og gjøre forandringer før alt kollapset. Noe av utfordringen var, som i alle scenariene, viktigheten av at mange mennesker våknet opp til dypere forståelser av sammenhenger, sånn at de ikke fant seg i hvordan en liten elite styrte verden økonomisk til egen fordel, uten å ta hensyn til hverken biologi, menneskerettigheter og arbeidsvilkår, ressurser og forurensing. Bare maks profitt. For endel var dette bare som et spill, for de hadde ikke noe nærhet eller empati til de menneskene det gikk utover, og heller ingen ansvarsfølelse i forhold til livet på jordkloden. Store selskaper tok patenter på ting for å tjene penger, og de kjøpte opp patenter på ting de ikke ville skulle utvikles for de ville tape penger, og gjemte dem, presset folk til taushet og verre ting. Dette var i oljeindustrien, legemiddelindustrien, informasjon om mat og helse og masse forskjellig. Det var masse manipulasjon av fakta og villedende informasjon. (Dette var i 1983, men flere husker sikkert de prøvde å ta patent på menneskenes genom rundt 2000, og på virkestoffer i planter). Dette ble heldigvis stoppet. Oljeindustrien har også innrømt at de brukte masse penger på feilinformasjon om klimaproblemer i titalls år, og saboterte Kyotoavtalen.

De fleste i vår del av verden forstod ikke denne skjulte agendaen flere hadde bygd opp, siden det ikke var oss det gikk mest utover. Men senere ville det bli vanskelig å late som man ikke forstod, på grunn av kunnskap om hvordan ting faktisk fungerte. Mye ville bli avslørt av menneskers personlige egoisme, gruppers selvgodhet og de store internasjonale selskapenes grådighet og arroganse. Både politikere, vanlige mennesker og mange med bedrifter var oppvokst med disse modellene og trodde det var sånn det var. De forstod ikke at det var menneskeskapte systemer som noen hadde planlagt, så for mange hadde det bare blitt sånn. Det var samfunnsnormen, og et resultat av den gjennomsnittlige kollektive bevisstheten. Etter hvert ville mange se og oppleve konsekvensene og gjennomskue dynamikkene. Vi ville forstå at vi levde på en liten planet med begrensede ressurser og begynne å oppføre oss deretter. Dette ville bli mye mer kjent etter hvert og flere ville danne organisasjoner for å stå sammen. Hvor fort dette ville gå kom an på folks engasjement og når de tvang makthaverne, politikerne og de økonomisk kyniske folkene til å ta mer ansvarlige bestemmelser. Igjen, hvor ille det ville gå her, og hvor mye ødeleggelse det ville bli og hvor mange mennesker som ville lide, kom alt an på hvor fort den kollektive bevisstheten vokste hos gjennomsnittsbefolkningen, slik at de tok andre valg og valgte andre ledere og politikere som hadde bedre forståelse av sammenhenger og var mer helhetlig ansvarlige. De kunne også bruke forbrukermakten sin. Dette tok tid fordi menneskeheten jorden rundt var på veldig ulike nivåer i utviklingen. Maslows behovspyramide er fin som illustrasjon for å vise dette på en enkel måte. Mange nye løsninger som ikke forurenset ville bli funnet og det ville først bli forurensingsfrie områder og etter hvert på hele kloden.

Mange nye teknologiformer

Vi ville få mange nye teknologiformer som kunne brukes konstruktivt og destruktivt. Her ble jeg fortalt at vi ville ikke få tilgang til endel teknologi før vi var moralsk og etisk modne for det. Men vi ville drive med mye prøving og feiling og gjøre ting som ikke tjente utviklingen, som en del av prosessen.

Ny forståelse av helse. Både høyteknologi og naturlige metoder

Genteknologien ville på sikt utrydde menneskehetens kroniske sykdommer og vi ville bli mer opptatt av forebygging. Vi ville også utvikle teknologi med apparater som oppdaget ubalanser før de ble sykdommer, og som kunne bli korrigert på tidligere stadier, så forskjellige former for individuelt tilpasset behandling av sykdommer og påbegynte ubalanser kunne korrigeres. Legemiddelindustrien ville ikke ha så mye makt lenger og eventuelt tilpasse seg. Kosthold, mosjon og immunsystemet ville bli viktigere, og en stor del av helseopplysningene verden rundt mere fokusert mot det. Her ville også forebygging ha stort fokus. På sikt ville menneskeheten gå over til kun vegetarmat og designmat. Perspektivet var over mange generasjoner. Faren var at den begrensede virkelighetsoppfatningen som begrenser oss til egoet, personligheten og kroppen ville ha fotfeste for lenge. Den gjorde at mennesket trodde det kunne trikse og mikse som det ville, uten at det nødvendigvis var tilpasset annet biologisk materiale.

Siden vi forsøplet og slapp ut mange kjemiske forbindelser som ikke var naturlig gjenkjennbare, og brukte det i maten, ville vi også kunne ødelegge forplantningsevnen helt eller delvis, så vi ville bli avhengig av genteknologi til befruktning. Dette kom også an på hvor langt ting gikk.

Mye av legevitenskapen og de farmasøytiske metodene hadde samme perspektiv og var derfor i mange sammenhenger farlige. Mange ville få fysiske og psykiske problemer, og flere metoder laget nye problemer gjennom bivirkninger. Det verste var den farmasøytiske psykiatriske biten som rett og slett laget zombier, og de psykologiske begrensende teoriene som sykeliggjorde folk som ikke var syke, men i forvirrende psykologiske overgangsfaser. Alt angående dette var ikke negativt, men det burde ofte være siste valget og kortvarig, men var førstevalget. Folk visste ikke bedre, og noen kom aldri ut av det.

Her fikk jeg rett og slett beskjed om å huske dette, fordi daværende etablerte helsevesen kunne ikke hjelpe meg hvis jeg fikk problemer når jeg gikk tilbake til kroppen, noe som var sannsynlig. Fordi jeg ville oppleve ting og tenke på måter som var sykeliggjort på grunn av det etablert menneskesyn og personlighetsidentifikasjon i psykologien og psykiatrien. De var rett og slett farlige for meg, så jeg fikk beskjed om å være forsiktig.

Transport og kommunikasjon

Fremkomstmidler ville bli forurensingsfrie og vi ville ha mindre eierforhold til mange ting, så mer deling. Det ville være både individuell transport og kollektive løsninger. Siden sirkulasjonsøkonomi og økologisk økonomi ville bli innført og mange nye måter å kommunisere på, ville det bli lett å samarbeide. Mye mer leie eller bruk etter behov. Påsikt ville det være forflytningsmåter som svevde i luften, og som ikke er fly i vanlig forstand. Noen teknologier var helt andre konsepter med en fornybar energi som må være veldig effektiv.

Samfunnslønn /borgerlønn

Vi ville ikke bruke pengesedler, og alle ville ha det de grunn-
leggende trengte. Det vil komme noen former for samfunns-
lønn eller borgerlønn. Mye ville bli automatisert, så kjedelig
repetisjonsarbeid ville ingen gjøre, hvis ikke de hadde det
som en hobby og lignende. Men det var en eller annen type
samfunnsvaluta. Alt ville bli motivert ut ifra egenskaper de
hadde, og hva folk selv ville. Det ville bli et mer frivillig og
kreativt samfunn. Overlevelsesfrykten var borte og generell
selvfølelse bedre, siden mye psykologisk tyngende tilstander
var nærmest fraværende.

Negativ bruk av teknologi og farlig eksperimentering

Det var flere scenarier her som var en mulighet som ikke
var ønskelig, eller som innebar mindre frihet. Det var at
teknologien ble brukt negativt både angående krysning av
raser og fikling på mennesker, dyr og planter ved kloning,
designmennesker, biologiske bakterier og virus og kjemiske
løsninger som terror og manipuleringsmetoder osv. Det var
noe vi skulle være forsiktige med, men som noen ville prøve
seg på. Her kunne vi også gå i en felle med kjemikalier og
dyrking og genmanipulering og destruering av biologisk
mangfold. Jeg så at endel ville bli gjort med kloning og trik-
sing med gener som ikke ville være bra, men at det stort sett
døde ut av seg selv og ble sterilt. eller de fant ut at det ikke
fungerte som forventet, så det stoppet av seg selv.

Alt det som var ødeleggende hang sammen med et ver-
densbilde og menneskesyn som var veldig begrenset. For
endel forskere var nysgjerrighet drivkraften, og for endel
maktmennesker og profittinteresser gjaldt det kontroll og
markedsandeler. Forskere som var betalt av disse folkene og
selskapene var ingen god kombinasjon, siden forskere ikke
hadde noe råderett over det de fant ut, og ofte ikke hva det
ble brukt til. Disse maktmenneskene hadde grunnleggende

ingen respekt for biologiens oppbygning og gjensidige balansesystemer, så de ville bruke ting til egen nytte nesten uansett konsekvenser. De hadde ikke med menneskets åndelige og sjelelige dimensjon og at vi fysisk er en del av naturen, og at naturen har sin egen oppbygning som gjør at alt korresponderer.

Kommunikasjon og informasjonsteknologi

En annen type teknologi som kunne bli problematisk var kommunikasjonsteknologi og informasjonsteknologi. Den kunne i feil hender gjøre oss om til styrte individer hvor alt vi foretok oss ble registrert, og vi ville bli straffet hvis vi gjorde ting styresmaktene ikke ville, og hvis vi hadde meninger som ikke var ønskelige eller som var opprørske. Hvis kriminelle hadde det kunne det brukes til utpressing og svindel Det ville komme kraftige maskiner som kunne påvirke energibølger og manipulere folks følelser og tanker. Alt dette kunne også brukes positivt, så mye ble lettere i hverdagslivet.

Forsvaret og militæret ville bli omdirigert til mye krisehåndtering og hjelpearbeid

Det ville komme mange kriser, og forsvaret og store organisasjoner ble omdirigert til hjelpearbeid. Flyktningkriser, naturkatastrofer som sult, tørke og flommer ville øke i hyppighet og omfang. Befolkningsveksten måtte dempes og det ville bli nye og mange problemer som måtte løses. Men igjen, alt kom an på når mange nok reagerte og vi laget nye systemer basert på andre verdier og global håndtering og deling av ressurser.

5. Etter kriseperioden. Langt frem i tid og med kosmisk bevissthet

Vi gikk videre til langt frem i tid hvor alt dette vi sliter med nå var løst. Det var et slags globalt samfunn hvor mye forskjellig eksisterte rundt omkring. Både høyteknologiske områder og mer jordbruksområder, men de eksisterte samtidig og folk kunne leve litt som de ville og eventuelt veksle på ting. All problematisk forurensing så ut til å være borte og alt var veldig rolig, fredelig og funksjonelt. Det var slutt på kriger. Det var sett på som veldig primitiv adferd. Befolkningsveksten må det også ha blitt funnet løsninger på, for det var ikke veldig overbefolket. Jeg tror endel hadde jordbruk som hobby, spirituelle studier, teknologi, kreative aktiviteter osv. Det virket som om planter, blomster og litt jordbruk og eventuelt andelsbruk fulgte frem i tid, med ett mer forståelse av naturen som jordklodens hage og rekreasjonsområde. Ikke noe mer jakt på dyr.

Enda lenger frem i tid virket det som om folk kommuniserte via telepati, men det kan også ha vært enda mer avanserte tankekommunikasjonsteknologier. Denne opplevelsen var tross alt før mobiler, internett og trådløse kommunikasjonsverktøy, så det er ikke godt å si. Vi hadde fremkomstmidler som minnet mest om UFOer, og fremdeles noen som gikk nærmere jorden og på bakken.

Jeg vet ikke, men det er mulig vi hadde utviklet kolonier i rommet eller på andre planeter og kommuniserte med dem. Jeg husker ikke så mange detaljer om dette lenger, og vi var ikke så fokusert på det. Men på et tidspunkt ville vi ikke være på jorden lenger, og vi vet jo også at jorden har sin levetid.

En annen mulighet er at vår rase utvikler seg til å forlate kloden og nye overtar og går en slik utviklingsrunde fra dyr til mennesker til åndelig bevisste mennesker, og til kosmisk bevisste mennesker og nye teknologiformer osv. Det er ihvertfall noen andre i galaksen eller i andre galakser som har gjort det, og som hadde løst de problemene vi opplever nå, hvor balansen mellom det feminine og maskuline var etablert. Så muligens går teknisk og bevissthetsmessig utvikling parallelt i noen utviklingslinjer. Det var også noen som var teknisk høyt utviklet, men som manglet empati. De hadde ødelagt mye, men hadde ikke fritt spillerom. Så utviklingen på jorden ville være slik at empati og kjærlighet alltid lå et hakk foran den mentale intelligensen, for at vi skulle utvikle oss mer balansert. Det er uansett så langt frem at vi har mer enn nok med å løse problemene i vår tid og ikke ødelegge alt biologisk liv i den fasen vi er i nå.

Fase 9. Siste instrukser eller overblikk
og så tilbake til kroppen

Jeg fikk beskjed om at jeg måtte bestemme meg for om jeg ville tilbake eller ikke. På ett eller annet vis var det som om jorden trengte hjelp og at jeg og flere var her først og fremst for å bidra til å skape forandringer. Det var et slags energetisk «kall», eller «behov». Jeg husker ikke helt min motivasjon for å reise tilbake, for jeg ble delvis overtalt eller vist grunnen til det på høyere nivåer tidligere. Det virket som om jeg egentlig hadde holdt på med noe annet et annet sted i galaksen, og var ihvertfall motvillig til å være her på planeten. Dette fordi når man «glemmer» og det blir lukket av mellom selvet/totalbevisstheten og sjelens intensjon og personlighet/ kroppsidentitet så husker man ikke hvorfor man er her, og det oppleves som et savn uten adresse. Men jeg oppfattet at å komme tilbake til kroppen var det jeg burde gjøre som en del av bevissthetsstrømmen fra de indre verdener ned til jorden, og at vi var mange. Og at denne gangen inkarnerte jeg helt fysisk selv. Hva det betyr vet jeg faktisk fremdeles ikke helt, men det var noe med at denne gangen skulle det ikke være noen mellomledd og misforståelser.

Man har ingen personlighet her på disse utenomkroppslige nivåene så det gjør det vanskelig å forklare. Det kan ha vært et bevissthetslag jeg er en del av, eller sjelen min som ikke har vært fullt inkarnert på jorden tidligere, bare eterisk før fysisk. Det var nødvendig med endel inkarnerte som hadde så åndelig programmering og bevissthet at de ikke lot seg lure og overtale til å innrette seg av behagelighetshensyn. Sånn jeg så det var det fordi de samlede konservative kreftene og egointeressene og konformitetskravene var så sterke på jorden at det skulle mye til for å ikke bare gi etter.

Det var også mange hjelpere i energiverdenene som mestre og englevesener, og det var noen UFO lignende farkoster og vesener som fulgte med. De hadde ikke lov til å gripe direkte inn, og de måtte bli spurt om hjelp, fordi menneskeheten hadde en fri vilje innenfor en ramme, som et lærings-

95

verktøy. Mange litt paradoksale ting, men som likevel ga en samlet mening.

Jeg så videre at det var mange som ikke visste de var åndelige hjelpere på jorden, og mange ville bli det bevisst, men ikke alle. Alle behøvde ikke være klar over det heller. De bare representerte noe annet i hverdagen ved å være gode mennesker og opptre etisk, og det var en beskyttelse i å ikke vite.

Alle mennesker har en intensjon med å bli født og en inkarnasjonsplan med noe slingringsmonn. For noen er det ydmykhet og å være anonym og kanskje snill og kjærlig, og for andre å bli kjent og ha ekstrabelastningen med masse oppmerksomhet. Så hvis man tar kontakt med sin inkarnasjonsintensjon, vil man alltid bli presentert for det som er ens egen vei, og ikke prøve å leve andres. Det var også en påminnelse om å ikke tro man vet hva som er riktig for andre, selv om det er riktig for en selv, og motsatt. Derfor var sjelsorienterte terapier og åndelige terapier og menneskesyn nødt til å utvikles og bli tilgjengelige. Det var noen som hadde oppgaver med å formidle kunnskap på forskjellige nivåer, og brøyte vei i massebevisstheten. Det var viktig at noen av disse samarbeidet, eller støttet hverandre, selv om de kunne være veldig ulike og flinke på forskjellige områder. Det var lett å utvikle åndelige egoer. Det var helt nye samarbeidsformer som skulle utvikles, og mye ny kunnskap som måtte «fødes». Mange mennesker ville være fødselshjelpere for en ny tidsalder med helt nye levesett, verdier og normer. Som tidligere nevnt var det mange sterke mønsterbrytere og det kunne medføre masse personlige problemer for dem. Det var også påminnelser om at løgner ikke er mer sanne fordi flertallet mener noe, siden det var mange vrangforestillinger som måtte forstås, og det var sterke maktstrukturer bygd opp rundt dem. Vi hadde tidligere vært innom at folk og profeter før gjerne ble drept, sosialt utstøtt, fengslet og dopet,eller tvunget til taushet. Sannheten hadde dårlige kår på kloden. Derfor ville endel ting ta tid, og endel ubevisst hukommelse lå som traumelag i det kollektivt ubevisste og måtte bevisstgjøres.

Jeg fikk et siste overblikk og noen slags huskeregler.

Jeg måtte huske at alt grunnleggende er kjærlighet, og at jeg hadde bare min egen frykt å være redd for. Alt var en del av menneskehetens evolusjon.

Aldri overlate min indre autoritet til andre, men stole på meg selv.

Være forsiktig med å be om hjelp fra helsevesenet, og være obs. på farene med legemiddelindustrien.

Være forsiktig med hva jeg sa, fordi før jeg ble sterk nok selv kunne jeg få problemer hvis jeg sa for mye til feil personer, og de fleste ville ikke kunne forstå hva jeg snakket om. Fortelle om ting når jeg ble spurt, fordi da ville ting være klart nok.

Så fikk jeg beskjed om at jeg ville måtte lære meg alt om livet, og hva menneskene visste.

At jeg ikke ville huske alt, men at det var viktig for meg at jeg hadde dette overblikket.

At det ville komme informasjon underveis i livet fra de indre bevissthetsnivåene og hjelperne når jeg trengte det, så det var ikke noe å bekymre seg for.

Jeg fikk beskjed om at jeg aldri hadde vært alene, at de alltid fulgte med meg, og at jeg bare trengte tenke sterkt på dem så ville jeg motta hjelp eller kunnskap. Etter dette fikk jeg beskjed om å bestemme meg fordi tiden var ute.

En annen ting var at jeg hadde måttet gjøre det på en måte allikevel. Jeg fikk en fornemmelse om at jeg ellers ville måtte bli født på nytt. Gå gjennom barndom på nytt med lite makt over eget liv, en hel haug med uttalte og uuttalte forventninger, og voksne som ikke ville høre uansett hva de lagde problemer av. Jeg hadde kjempelyst til å forbli i energiverdenene, men tiden jeg skulle være på jorden var som et blunk i den store sammenhengen, så jeg ville gjøre ferdig det jeg hadde begynt på.

Jeg husker jeg svevde over jorden som en kjempestor sky eller som et vidt bevissthetsfelt, og jeg forstod ikke hvordan jeg skulle komme inn i den lille kroppen. Men på et eller annet vis omtrent som vanndamp kondenserer til vann, ble bevissthetsfeltet presset sammen, og så våknet jeg opp innefra kroppen igjen og koblet til sansene, så ut av øynene i stedet for vidt rundt utenfra og hørte gjennom ørene. Jeg reiste meg bare opp og begynte å gå. Jeg var ikke kald og ikke sliten og følte jeg gikk mer enn 10 cm over bakken. Alt var lett og mykt. I den første hytten jeg kom til det var det et eldre ektepar. Jeg mer eller mindre besvimte, så jeg var ikke i SÅ god form, men de tok meg inn og fikk på meg tørre klær, puttet meg foran peisen, og fikk kontakt med den gjengen jeg var på tur med.